Echte Bergtouren

Neue alpine Pfade

Baden-Württemberg

20 abenteuerliche Bergtouren, Felsenwege, Wildnispfade und Klettersteige

Inhalt

Tourenüberblick 5

Zu diesem Buch 6

Neue alpine Pfade   **30**

1 **Die wilden Seiten des Odenwaldes** 32

Von der Wolfsschlucht über den alpinen Teil des Neckarsteigs zum Urwaldpfad bei Neunkirchen

2 **Zwei der rauesten Schluchten im Schwäbischen Wald** 38

Der Klingen- und Schluchtentrail bei Welzheim – Wiesnazschlucht und Geldmacherklinge

3 **Die steilen Pfade der Fünftälerstadt** 44

Ruine Helfenstein, Felsental, Anwand- und Bismarckfels in Geislingen

4 **Zwischen Flipflops und T4** 50

Von Fels zu Fels – entlang der Hausener Wand bei Bad Überkingen

5 **Durch einen schwäbischen Dschungel** 56

Der 7-Brücken-Weg bei Bad Boll

6 **Wie ein Felssturz aussieht** 62

Steile Pfade um die Ruine Wielandstein und das Tobeltal bei Lenningen

7 Der schönste Felssporn
der Alb 68

Ein toller Felsgrat, eine Felsnase
und vergessene Flankenpfade bei
Schlattstall

8 Die andere Seite des Berges:
Blick von der Sprungschanze 74

Vergessene Steilpfade zwischen
Hermann-Greiner-Schanze und dem
Hochberg in Bad Urach

9 Unterwegs auf den Wegen der
Altvorderen 80

Die Hossinger Leiter, der Gräbelesberg
und einer der längsten Anstiege der Alb

10 Zum schönsten Felsen Baden-
Württembergs 86

Auf unbekannten Pfaden zu Premium-
blicken im vorderen Donautal –
Stiegelesfels

11 Die Entdeckung der großen
Unbekannten 92

Begehung von Langmartskopf,
Lerchenstein und Schweizerkopf –
Felsenwelt um Lautenbach

12 Kraxeln und Wandern 98

Die Felsenpfade um die Hertahütte,
Brockenfelsen und Falkenfelsen

7 Der schönste Felssporn der Alb

11 Die Entdeckung der großen Unbekannten

13 **Alpin um Oppenau unterwegs** ... 102

Eckenfelsen und Maisacher Grat

14 **Zu den tollsten Felsen im mittleren Schwarzwald** 108

Der alpine Pfad bei Hornberg

15 **Die 2000-Höhenmeter-Bergtour** .. 114

Bergauf, bergab – auf alpinen Pfaden unterwegs im Simonswäldertal

16 **Alpine Pfade in wilden Bachschluchten** 120

Gutach, Haslach, Rötenbach

17 **Alpin am höchsten Berg des Landes** 126

Die ungewöhnlichen Pfade auf der Nordseite des Feldbergs

18 **Die Umrundung des Präger Gletscherkessels** 132

Ein toller Weidepfad und die Schweine-kopf- und Blößling-Überschreitung

19 **Der spannendste Abschnitt des Schluchtensteigs** 138

Unterwegs im unteren Talabschnitt der Wehraschlucht

20 **Kann man am Bodensee Höhenangst bekommen?** 144

Sporne und Schluchten auf dem Bodanrück

Extra

Ein leichter und ein sehr, sehr kurzer Klettersteig 150

I: Der Engelsberg-Klettersteig 150

II: Der Katharinenfluh-Klettersteig ... 153

Zugabe 154

Register 156
Impressum 160

Tourenüberblick

Tour			👣 km	⛰ Hm	🕐	🍴	☺	🏛	☀	🌳	💧	🚌	🪜	🧗
1	●	Die wilden Seiten des Odenwaldes	20 km	433/126 Hm	6:45 h	●	●	●			●	●		
2	●	Zwei der rauesten Schluchten im Schwäbischen Wald	9,4 km	544/363 Hm	2:50 h	●	●	●			●	●		
3	●	Die steilen Pfade der Fünftälerstadt	16,4 km	671/446 Hm	5:20 h	●	●	●			●	●		
4	●	Zwischen Flipflops und T4	7,6 km	725/439 Hm	2:40 h	●			●			●		
5	●	Durch einen schwäbischen Dschungel	5,8 km	587/415 Hm	1:45 h		●		●			●		
6	●	Wie ein Felssturz aussieht	9,5 km	712/443 Hm	3:25 h		●		●	●		●		
7	●	Der schönste Felssporn der Alb	9 km	785/499 Hm	3:00 h	●			●			●		
8	●	Die andere Seite des Berges	11,4 km	722/460 Hm	4:00 h	●		●	●			●		●
9	●	Unterwegs auf den Wegen der Altvorderen	18,8 km	940/566 Hm	5:50 h		●		●			●		
10	●	Zum schönsten Felsen Baden-Württembergs	18,8 km	786/610 Hm	6:35 h			●		●		●		●
11	●	Die Entdeckung der großen Unbekannten	21,8 km	947/299 Hm	7:00 h	●			●			●		
12	●	Kraxeln und Wandern	3,3 km	762/640 Hm	1:10 h	●	●		●			●		●
13	●	Alpin um Oppenau unterwegs	11,6 km	669/268 Hm	3:50 h		●		●			●		
14	●	Zu den tollsten Felsen im mittleren Schwarzwald	17,5 km	832/378 Hm	6:30 h	●			●			●		
15	●	Die 2000-Höhenmeter-Bergtour	20,5 km	963/534 Hm	7:40 h	●				●		●		
16	●	Alpine Pfade in wilden Bachschluchten	16 km	894/712 Hm	5:00 h		●			●	●	●		
17	●	Alpin am höchsten Berg des Landes	15,7 km	1487/815 Hm	5:40 h	●	●	●	●			●		
18	●	Die Umrundung des Präger Gletscherkessels	18,6 km	1300/696 Hm	6:10 h		●		●			●		
19	●	Der spannendste Abschnitt des Schluchtensteigs	15,7 km	769/417 Hm	6:00 h	●			●			●		●
20	●	Kann man am Bodensee Höhenangst bekommen?	10 km	669/397 Hm	3:35 h	●	●		●			●		●
Extra I	●	Der Engelsberg-Klettersteig				●	●	●		●	●	●	●	●
Extra II	●	Der Katharinenfluh-Klettersteig				●	●		●			●	●	●

Zu diesem Buch

Relativ schnell nach Erscheinen des ersten Bands der Alpinen Pfade habe ich mich an die Arbeit für die Fortsetzung gemacht. Ermutigt dazu haben mich die vielen positiven Reaktionen auf das Buch, aber auch die sachliche Kritik. Auf jeden Fall scheint das Thema »Wandern auf anspruchsvollen Pfaden« abseits der Hauptwanderrouten einen Nerv getroffen zu haben. Nach Abschluss des ersten Buches war ich eigentlich der Auffassung, dass es nicht mehr viele »alpinen« Optionen im Ländle geben würde. Hier habe ich mich (Gott sei Dank!) total getäuscht, und die sehr freudvollen und spannenden Recherchen für Band II haben meiner Meinung nach mindestens genauso abenteuerliche Wege zu Tage gefördert wie in Band I. Das aktuelle Werk eines Autors ist für ihn natürlich immer das »wichtigste« und »beste«, aber selbst mit etwas Abstand möchte ich behaupten, dass einzelne, nun in Band II vorgestellte Pfade in den Kategorien Steilheit, Fels und Wildnis unübertroffen sind – selbstverständlich für baden-württembergische Verhältnisse. Die Suche nach diesen alten, alpinen Pfaden hat mich übrigens mittlerweile so begeistert, dass ich aufpassen muss, nicht die Lust am Wandern auf normalen Wanderwegen zu verlieren. Das Gefühl, einen solchen Pfad zu suchen und nach vielen Anläufen endlich zu entdecken, ist für mich wie eine Schatzsuche mit glücklichem Ausgang. Wenn man genau hinschaut, stecken zudem alle unsere Pfade und Wege voller Fingerzeige und Hinweise auf die Geschichte des Ländles und erzählen dem Interessierten aus der Vergangenheit der uralten Kulturlandschaft Baden und Württemberg. Denn es hat seine Gründe, warum unsere Pfade gerade dort verlaufen, wo sie verlaufen, und warum sie sich so geschickt den Berg hinaufwinden. In diesem Buch soll es

Schwindelfreiheit ist des Öfteren vonnöten.

aber sicher nicht darum gehen, den Feldberg zur Eigernordwand oder einen unserer alpinen Pfade zu einem kaum bewältigbaren Felsgrat aufzublasen – das wäre vermessen, denn unsere Mittelgebirge sind nun einmal nicht die Alpen. Das Ziel ist vielmehr, mit diesem Buch neue Perspektiven auf das bekannte Wanderrevier zu eröffnen, die die Alb und der Schwarzwald tatsächlich auch zu bieten haben … weg vom gut beschilderten, beschaulichen Komfortwanderweg, hin zum überraschenden und herausfordernden Bergwandern mit Felsen, Geröllfeldern, umgestürzten Bäumen, ausgesetzten und steilen Stellen und manchmal sogar kleineren Kraxeleien. Dem »gemeinen« Wanderer mögen die hier vorgestellten Pfade eventuell zu unaufgeräumt, zu unbequem, zu abgelegen, zu steil und zu wild sein – doch genau das suchen wir! Im Übrigen existieren diese Pfade auch nur weiterhin, wenn sie durch unsere Begehung offen gehalten werden.

Alpine Gefühle auf der Schwäbischen Alb

7

Früher war mehr Weg oder wie und wo wir unsere Pfade finden

Bei meiner Suche nach spannenden Wegen habe ich festgestellt, dass Baden-Württembergs Landschaften von einer sehr großen Anzahl an Pfaden durchzogen sind, die nur noch teilweise oder gar nicht mehr auf Karten und in GPS-Software verzeichnet sind. Gerade die für uns spannenden Pfade, die unter die Felswände oder durch die steilen Tobel auf die Hochfläche hinaufführen, sind aus welchen Gründen auch immer »verloren« gegangen. Sie sind aber nach wie vor vorhanden (wenn auch teils in suboptimalem Zustand) und früher begangen worden ... von Wegebauern, Holzfällern, Jägern, Bergbauern und auch Wanderern. Auf die Fährte nicht weniger dieser alpinen, alten Wegabschnitte bin ich durch Gespräche gestoßen, die ich mit älteren Wegewarten und Wanderführern aus den Mittelgebirgsvereinen vor Ort geführt habe. Nicht selten schwang ein gewisser Stolz in den Erzählungen dieser Leute mit, dass ihr heimatliches Wanderrevier auch solche anspruchsvollen und verwegenen Seiten aufzuweisen hat. Es war aber auch Wehmut vorhanden, weil diese Pfade zunehmend in Vergessenheit geraten, offen gelassen (das heißt, nicht mehr gepflegt) werden und so ihrer Renaturierung entgegenschlummern. Ein weiteres Puzzleteil auf der Suche nach unseren Pfaden war altes Kartenmaterial (erschienen etwa zwischen 1950 und 2010), in dem so mancher Pfad mehr verzeichnet ist als in aktuellen Karten. Auch auf den GPS-Karten der diversen Online-Anbieter finden sich immer wieder unterschiedliche Weg- und Pfadnetze, sodass man auch hier fündig werden kann. Insgesamt sind die Recherche und Beschreibung solcher Pfade aber um einiges aufwendiger als für einen »normalen« Wanderführer. Nicht selten waren die Einstiege unserer »Spezial«-Pfade derart zugewachsen, dass mehrmalige Anreisen und Recherchen nötig waren, um diese überhaupt zu finden. Dabei zeigte sich im Nachhinein des Öfteren, dass man beim ersten Mal nur wenige Meter danebenlag! Mitunter versagte aus unterschiedlichsten Gründen die Track-Aufzeichnung oder die GPS-Ortung brach ab, was die exakte Abbildung des Pfades im Buch später erschwerte und einem am Schreibtisch fast kartographische Fähigkeiten abverlangte. Alles in allem eine aufwendige, aber sehr, sehr spannende Arbeit, die zwischen Schreibtisch, Lupe, Büchereien, Flohmärkten und natürlich der herrlichen Natur Baden-Württembergs stattfand. Die hier vorgestellten Touren sollen im Übrigen nur als Vorschläge verstanden werden. Es sind wirklich schöne und exponierte Bespiele der Gattung »alpin« und »wild«, aber wer sich die Mühe macht, sowohl aktuelles als auch altes Kartenmaterial genauer anzuschauen oder mit den alten Hasen des Alb- oder Schwarzwaldvereins oder der Bergwacht ins Gespräch kommt, wird noch viel mehr verschollene Wege, steile Tobelpfade und zugewachsene Gipfel abseits der ausgezeichneten Wanderrouten finden.

Adjektive und Attribute

In Reise- und Wanderführern tauchen sie oft auf: Wörter wie »spektakulär«, »atemberaubend«, »fantastisch«, »einmalig«, »schwindelerregend« und so fort. Eigentlich werden diese Wörter benutzt, um die Besonderheiten der Landschaft wiederzugeben und die Eindrücke, die man vor Ort gewinnt, so genau wie möglich zu beschreiben. Andererseits werden solche Superlative bisweilen etwas inflationär verwendet, sodass sie kaum zu erfüllende Erwartungen wecken und sich zunehmend abnutzen. Wie es wirklich ist, erlebt man nur selbst vor Ort, und letztlich ist es subjektiv.

Wir sind viele unserer Touren mit erfahrenen Alpenüberquerern abgewandert und haben die unterschiedlichsten Reaktionen beobachtet. Von leicht spöttischen Bemerkungen wie: »Das nennst du steil und felsig?« bis zu begeisterten Ausrufen wie: »Wow, 'ne Sicherung wär nicht schlecht« war alles dabei. Für gemütliche Städter können die hier präsentierten Touren also ein Abenteuer und der Einstieg in alpine Welten sein, für sportliche Wanderer ein neuer Blick auf das altbekannte Wanderrevier und für erfahrene Bergfexe ein kleines Training für die nächste Alpenroute – schön und spannend sind sie allemal.

Für manchen eventuell zu anspruchsvoll

9

Was ist alpin?

1. Das Wort »Alpen«, von dem sich der Begriff »alpin« ableitet, ist eine Ableitung des schweizerischen und westösterreichischen Wortes »Alp« beziehungsweise »Alm«, was wiederum »Bergweide« bedeutet.
2. »Alpin« steht seinerseits vielen Begriffen als Prädikat vor und bedeutet dabei meist »gebirgig« oder »bergig«.
3. Gleichzeitig bezeichnet »alpin« auch eine Höhen- und Vegetationsstufe in den Alpen, genauer eine Hochgebirgsstufe, die zwischen 2000 und 3000 Metern liegt.

Welche dieser Punkte treffen nun auf die Mittelgebirgslandschaften Schwarzwald und Schwäbische Alb zu? Vor allem bei unseren Touren im Schwarzwald passieren wir des Öfteren typische Bergweiden. Die Pfade dort sind bergig, schmal und felsig und führen durch Steillagen, Lawinenbahnen, Blockhalden und Tobel, manchmal kleinere Klettereien inklusive. Lediglich der Hangwald bewahrt einen vor schwindelerregenden Tiefblicken. Da die Wege von üppiger Vegetation umgeben sind, fühlen sich die Menschen oft ganz sicher, obwohl es abseits des Pfads steil bergab geht. Gerade diese Flora, die man in den Alpen so nicht vorfindet, macht unsere Wege aber manchmal sogar schwieriger zu begehen als jene in den Alpen, da die herabfallenden Blätter, verrottenden Äste, Bäume und Wurzeln Stolperfallen sind und den Untergrund glitschig und rutschig machen. Etliche unserer Pfade werden auch

nicht mehr gepflegt und gesichert, sodass deren Begehung zum Beispiel nach Stürmen eher einem Hürdenlauf unter erschwerten Bedingungen gleichen kann. Auf den sonnenabgewandten Nordseitenwegen im Schwarzwald passieren wir dabei sogar die letzten Rückzugsräume alpiner Vegetation. Wäre unser Wanderrevier komplett harmlos, gäbe es vor Ort auch nicht die Bergwacht, die leider immer wieder zu tragischen Unglücksfällen gerufen wird. Es sind also letztlich Länge, Vegetation und Höhenniveau, welche die alpinen Wege im Schwarzwald und auf der Alb von denen in den Alpen unterscheiden. Die Kennzeichnung der Pfade und Wege als alpin verläuft dabei etwas uneinheitlich und ist nicht immer nachvollziehbar. Trifft man auf diesen Wegen auf andere Wanderer, entspinnt sich daher nicht selten eine Diskussion darüber, dass man eigentlich noch viel steilere Pfade kennt, die nicht als alpin gekennzeichnet sind. In diesem Buch werden auch Wege vorgestellt, die nicht offiziell als alpin ausgewiesen sind, weil der Autor sie nämlich als ähnlich felsig, steil und spannend empfindet. Dass dies sehr subjektiv ist und einheimischen Bergfexen und Wanderführern, die noch spannendere Wege in abgelegeneren Tobeln kennen, höchstens ein müdes Lächeln abringen mag, liegt in der Natur der Sache. Der Autor freut sich über jeden Tipp, den er erhält und erhalten hat. Letztlich geht es darum, dem Leser und Mittelgebirgswanderer durch die präsentierten Touren eine Ahnung von alpinem Gelände zu vermitteln.

Links: Speziell in Bachschluchten ist es oft glitschig.

Rechts: Wir bevorzugen unaufgeräumte Pfade.

Auf eigene Gefahr – nicht jeder muss diese Wege gehen

»Ein 34-jähriger Wanderer rutschte vermutlich aus Unachtsamkeit auf dem nassen und mit Laub bedeckten Untergrund eines alpinen Pfads im Bereich des Schlosses Lichtenstein aus und kam zu Fall. Er rutschte etwa 30 Meter den Hang hinunter und prallte gegen zwei Bäume. Daraufhin stürzte er einen Felsvorsprung hinab und kam nach weiteren circa 50 Metern im unwegsamen Gelände zum Liegen. Eine 31-jährige Frau, die gemeinsam mit dem Verunglückten unterwegs war, kletterte zu dem Schwerverletzten hinab und verständigte mit dessen Handy die Rettungskräfte.« (Unfallbericht Bergwacht Pfullingen, 2017)

Mittelgebirgslandschaften werden bezüglich alpiner Risiken oft unterschätzt. Wie bereits erwähnt, bewahrt einen meistens nur die umgebende Vegetation vor Schwindel und Ungleichgewicht. Zusätzlich gaukelt die leichte Erreichbarkeit und Nähe zur Zivilisation der Mittelgebirge Harmlosigkeit vor. Wenn Wanderer ihre Kräfte und die Beschaulichkeit des Geländes falsch einschätzen, ist das mehr als gefährlich. Wandert man auf Bergwanderwegen wie zum Beispiel den alpinen Pfaden um den Lichtenstein bei Honau, muss man trittsicher, schwindelfrei und in sehr guter körperlicher Verfassung sein und zudem die Gefahren im Gebirge kennen. So ist zum Beispiel mit Steinschlag sowie Rutsch- und Absturzgefahr zu rechnen. Voraussetzung fürs sichere Wandern in diesem Gelände ist außerdem eine entsprechende Ausrüstung, zu der wir noch kommen werden. Sandalen und Turnschuhe haben auf solchen Wegen nichts zu suchen, auch wenn man immer öfter Menschen mit Jogginghosen und Latschen solche Pfade herunterwanken und -schlittern sieht. Nur mit mehr Glück als Verstand kommt man so unverletzt ins Tal hinunter.

Die hier vorgestellten Routen sind kaum länger als 10 bis 20 Kilometer. Wenn man davon ausgeht, dass man auf ebener Strecke etwa 4 bis 4,5 km pro Stunde schafft, umfassen unsere Bergtouren mit den diversen Auf- und Abstiegen ein zeitliches Spektrum zwischen drei und acht Stunden. Dabei sind die angegebenen Gehzeiten reine Wanderzeit ohne Pausen!

Eine vermeintlich überschaubare Weglänge hat aber in unserem Fall gar nichts zu bedeuten. Der Spornpfad am Bodanrück beispielsweise ist nur etwas mehr als einen Kilometer lang, aber trotzdem

Man muss nicht alles nachmachen.

13

braucht man wegen der Ausgesetztheit und abenteuerlichen Wegbeschaffenheit relativ lang, um ihn zu bewältigen. Neben der körperlichen Fitness sind ein gesunder Respekt einerseits und ein gewisses Vertrauen in die eigenen Fähigkeiten andererseits fast noch wichtigere Faktoren.

Viele Wanderer meinen heutzutage, durch eine schicke Outdoorausrüstung bestens gewappnet zu sein. Ohne die körperlichen und psychischen Voraussetzungen nützt einem aber der beste Bergschuh nichts. Die Zahl der Wanderer, die von Bergwacht und Höhenrettung mit Herz-Kreislauf-Problemen aus brenzligen Situationen geborgen werden müssen, steigt von Jahr zu Jahr.

Weiterhin ist ein guter Orientierungssinn absolut unerlässlich, denn manche unserer Pfade sind abschnittsweise oder sogar komplett unmarkiert, teilweise zugewachsen und in neuerem Kartenmaterial gar nicht mehr verzeichnet. Es gleicht manchmal also einer Spuren- und Fährtensuche, um die richtige Pfadfortsetzung zu finden und nicht irgendeiner Wildspur hinterherzuwandern. Man braucht

Ein alter Felsenpfad im Schwarzwald

dafür Erfahrung und Gespür, denn es ist gerade in unserem Terrain nicht ungefährlich, wenn man sich versteigt und immer weiter von der richtigen Route entfernt. Und manchmal, wenn auch selten, kriecht man eher, als dass man wandert.

Wer sich schwertut, seinen Fitnesszustand selbst einzuschätzen, dem sei der Gang zum Sportmediziner seines Vertrauens geraten, zu dessen Kernkompetenz es gehört, körperliche Leistungsfähigkeit bewerten zu können. Die Touren sollten für fitte Wanderer ab 14 Jahren geeignet sein.

Wer plant, mit anderen einen alpinen Weg zu gehen, sollte unbedingt darauf achten, dass das Leistungs- und Gesundheitsniveau innerhalb der Gruppe auf einem vergleichbar guten Level ist. Es ist nicht nur für die Gruppendynamik schlecht, sondern kann auch generell gefährlich sein, wenn jemand aus der Gruppe mitten auf der Strecke nicht mehr weiterwandern kann. Gleiches gilt übrigens für den Zustand der Ausrüstung. Man muss sich darauf verlassen können, dass diese bei allen vollständig und in Schuss ist.

Da Regen die Pfadbeschaffenheit durch die dann rutschig werdenden Wurzeln, Moose und herabfallenden Blätter signifikant verschlechtert, sollte man auf besseres Wetter warten und das Vorhaben verschieben. Auch starke Winde sollten ein Ausschlusskriterium sein, da wir uns zum einen auf ausgesetzten, teils dem Wind preisgegebenen Pfaden bewegen und zum anderen oft durch sogenannte Bannwälder beziehungsweise nicht vom Forst bearbeitete Waldpassagen wandern, wo es oft zu Holzbruch kommen kann. Entlang unserer Strecken gibt es meistens Vegetation, die dazu verleitet, diese als Auf- oder Abstiegs- und Haltehilfe zu benutzen. Das sollte man aber nur nach vorheriger Prüfung des Geästs machen, denn oft ist das Holz morsch oder der Busch nur lose im Boden verankert. Wenn dann ein Ast bricht, fällt der Sturz umso ungünstiger aus.

Das Fotografieren im alpinen Gelände bereitet große Freude, bekommt man doch reihenweise Traummotive vor das Objektiv. Gleichwohl birgt es für im alpinen Gelände unerfahrene Wanderer eine nicht zu unterschätzende Gefahr: Der allzu lange Blick durch das Objektiv gaukelt einem falsche Perspektiven vor. Richtet man dann seine Augen wieder auf die reale Natur, kann das zu Schwindel führen – keine gute Idee am Felsüberhang. Die Bilder im Wanderführer bilden leider oft nicht die wahren alpinen Verhältnisse ab. Die Berge und Pfade sind viel steiler beziehungsweise ausgesetzter und die Felsen viel massiver.

Die Ziele

Etliche unserer Routen halten Überraschendes in bekanntem Terrain bereit. Im Bereich des Feldberges finden wir zum Beispiel alleine vier alpine Wege, die entweder so unbekannt sind, dass sie sich leider langsam selbst renaturieren, oder nicht oft begangen werden, da sie schwer zu gehen und zu finden sind und etwas abseits der Hauptwanderwege liegen. Gänzlich Unbekanntes haben wir aber auch für uns selbst entdeckt, obwohl wir schon einige Kilometer im Schwarzwald und auf der Alb zurückgelegt haben. Gute Beispiele sind die Wehratalschluchtrunde im Südschwarzwald, die fantastisch anstrengende 2000-Höhenmeter-Tour um den Zweribacher Wasserfall bei Simonswald oder der kurze, aber abenteuerliche 7-Brücken-Weg bei Bad Boll. Wir haben lange überlegt, ob wir auch touristisch stärker frequentierte und weithin bekannte Ziele in das Buch aufnehmen sollten. Aufgrund ihrer landschaftlichen Schönheit und des abschnittsweise alpinen Charakters der Pfade haben wir uns letztlich dafür entschieden, zum Beispiel die steilen Wege um und in der Rötenbachschlucht oder die Hossinger Leiter vorzustellen.

Eine Art Planungsästhetik

Bei den im Buch präsentierten Routen handelt es sich um Pfade beziehungsweise Streckenabschnitte mit alpinem Charakter, die mal länger oder kürzer ausfallen, sowie um alpine Spots & Momente, die durch ähnlich schöne und spannende, aber konventionellere Wanderwege miteinander verbunden sind. Die Streckenführung mag bei der einen oder anderen Route etwas kompliziert anmuten, es steckt aber System dahinter, denn wir haben uns bemüht, langweilige Zubringer und Verbindungswege so gut es ging zu vermeiden (was allerdings nicht immer möglich ist). Es gibt in Baden-Württemberg, anders als in den Alpen, keine tagesfüllenden Wanderungen, die ausschließlich auf alpinen Pfaden gegangen werden können. Um eine Wanderung als immer noch spannend und außergewöhnlich zu empfinden, spielt das Verhältnis von außergewöhnlichen Pfadabschnitten und »normalen« Wanderwegen eine wichtige Rolle. Deshalb sind wir lieber einen alpinen Wegabschnitt vor- und zurückgewandert, wenn dadurch unzählige Kilometer auf Forstwegen als Überbrückung zum nächsten alpinen Wegabschnitt vermieden werden konnten, oder haben im Extremfall lieber eine schlechte Verbindung des ÖPNV oder eine Anfahrt mit zwei Autos (Autoschaukel) in Kauf genommen, als dass wir den alpinen, wilden Eindruck der Tour durch einen kilometerlangen Rückweg auf langweiligen Forstwegen verwässern wollten. Im Übrigen wurde versucht, die Richtung der Wanderung so anzulegen, dass die alpinen Wegpassagen aufwärts gegangen werden. Das ist sicherer und angenehmer für Knie und Zehen und hat den weiteren Vorteil, dass die Einstiege in die alpinen Abschnitte meistens von unten besser auffindbar sind als von oben. Da Teile unserer Pfade nicht gepflegt werden, in Bewegung sind und manchmal auch gar nicht entdeckt werden sollen, ist es hin und wieder nötig, bei nicht auf Anhieb gefundenen Abzweigen, Zugangsstellen und Pfadfortsetzungen nicht aufzugeben und seine Spürnase einzusetzen. Abgerutschte Pfade, überbordende Vegetation, frisch gehauenes Holz müssen dabei im Umkreis von mehreren Metern überwunden werden, um weiterwandern zu können.

Die Klettersteige

Drei Klettersteige wurden im ersten Band vorgestellt. Zwei kleinere Klettersteige haben wir für diesen Band gefunden und beschrieben. In Bühlertal (Landkreis Rastatt) führt eine kurze Rundtour durch eine der steilsten Weinberglagen Europas: der »Engelssteig«. Für abenteuerlustige Wanderer und Weinliebhaber wird auf dem rund eineinhalb Kilometer langen Weg eine sehr leichte Klettersteig-Variante über 50 Meter angeboten. Verbinden kann man das mit

Premiumblicke finden sich auf unseren Touren zuhauf.

17

einer anschließenden Weinprobe. Im Hochschwarzwald, am östlichen Ende des Schluchsees, liegt die sogenannte »Katharinenfluh«. Dieser Klettersteig ist ein Überbleibsel einer Outdoor-Event-Firma und ist so unbekannt, dass man schon Glück haben muss, einen Einheimischen zu treffen, der einem überhaupt den Weg weisen kann. Der kurze Klettersteig lebt gleichsam von seiner Nähe zum Schluchsee und der Lost-Places-Atmosphäre.

Gerade in laub- und schneefreien Zeiten sind die alpinen Aspekte besonders gut zu erkennen.

Die SAC-Wanderskala zur Einordnung des zu begehenden Geländes

Die SAC-Wanderskala wurde 2002 durch den Schweizer Alpenclub vorgestellt, um ältere Einteilungen, die man als zu ungenau und grob ansah, zu ersetzen. Sie ist in sechs unterschiedlich schwierige T-Grade eingeteilt, wobei das »T« für Trekking steht. Anhand dieser Skala haben wir im Tourensteckbrief versucht (mit der Betonung auf »versucht«), unsere Wanderungen beziehungsweise einzelne Wegabschnitte in puncto Schwierigkeit, Anforderungen und Wegcharakteristika einzuteilen und einzuschätzen. Unsere Wanderungen bewegen sich meistens in den Bereichen T2 und T3, sehr selten im T4-Bereich.

Etliche der vorgestellten Touren enthalten zudem punktuell schwierige Stellen, die beispielsweise ausgesetzt sind, ein wenig Kletterei erfordern und die man bewältigen muss, wenn man nicht umkehren möchte. Diese Punkte, nennen wir sie mal etwas übertrieben Schlüsselstellen beziehungsweise -abschnitte, sind nie lang, sondern im Gegenteil meist nur wenige Meter kurz oder hoch. Dabei ist die Definition, was eine Schlüsselstelle ausmacht, natürlich subjektiv. Unsere Schlüsselstellen sind für erfahrene Alpinisten ein Spaziergang, für unerfahrene, weniger fitte Bergwanderer können sie aber richtige Hürden sein. Ein zwei Meter langes Stück ausgesetzter oder abgerutschter Pfad kann für manche zum unüberwindbaren Hindernis werden. Risikoempfinden und Stressbewältigung sind eben individuelle Faktoren.

Schwierigkeit	Gelände- und Wegcharakteristika	Anforderungen	Beispiel
T1 Wandern	Gut ausgebaute und gesicherte Wege und Aussichtspunkte. Keine Absturzgefahr. Moderate Anstiege und Abstiege.	Gute Orientierung auch ohne Karte möglich. Sogar mit Turnschuhen begehbar.	Die Wanderautobahn, die oberhalb der Hausener Wand entlangführt.
T2 Bergwandern	Durchgehend erkennbarer Pfad und Weg, auch im steilen Gelände. Geringe Absturzgefahr.	Spezielles Wanderschuhwerk empfohlen, trotz Ausschilderung sind Orientierungssinn und Kartenlesen wichtig.	Der alte Wanderpfad unterhalb der Hochbergfelsen in Bad Urach.
T3 anspruchsvolles Bergwandern	Wegführung abschnittsweise nicht immer sichtbar. Seile und Ketten können schwierige Stellen sichern. Punktuell Absturzgefahr. Hände können zum Gleichgewichthalten teilweise eingesetzt werden.	Gutes Wandermaterial, vor allem Schuhwerk, ist Voraussetzung. Ebenfalls Orientierungssinn, Schwindelfreiheit, Kondition und Trittsicherheit.	Der Pfad zwischen Hüttenwasen-Schutzhütte und Todtnauer Hütte.
T4 Alpinwandern	Steiles, exponiertes Gelände. Wegspur nicht zwingend vorhanden. Leichtere Klettereien, teilweise mit Seilen gesichert, Geröllfelder und Lawinenhalden müssen passiert werden. Hände müssen zum Vorwärtskommen benutzt werden.	Alpine Vorerfahrung nötig. Gute Ausrüstung unabdingbar. Bei Wetterumschwung, Schwäche etc. kaum Ausstiegsmöglichkeiten. Orientierungssinn, Schwindelfreiheit, Kondition und Trittsicherheit absolute Voraussetzung.	Der Pfad zum Wildenstein am Schluchtensteig im Wehratal.

Wanderungen im Gelände des T5- und T6-Grades, also anpruchsvolles und schwieriges Alpinwandern, findet man in Baden-Württemberg nicht beziehungsweise ist den Klettersteigen vorbehalten.

Verhalten bei Kletterfelsen

Nach Kritik aus der Kletterszene zu der Kesselwand-Tour bei Gutenberg in Band I halten wir uns diesmal bis auf zwei Ausnahmen (Hausener Wand und Eckenfelsen) von Kletterfelsen fern. Die Tour am Hausener Fels haben wir auch nur aufgenommen, weil wir die Anregung dafür auf einem bekannten Wanderportal gefunden und keine negativen Kommentare gelesen haben. Dennoch gilt: Viele offizielle Wanderwege führen zwar über die Felsköpfe der Kletterreviere, an ihnen vorbei und manchmal – beispielsweise beim Oberrieder Felsenweg – sogar entlang des Felssockels, wo gesichert wird. Im Fall der Hausener-Fels-Tour sind wir aber auf einem Zugangsweg zu Kletterfelsen unterwegs, der bis jetzt nur bei Wander-Insidern bekannt war. Klipp und klar: Das ist das Revier der Kletterer und als Wanderer ist man im besten Fall geduldet – und das auch nur, wenn man sich an bestimmte Grundsätze hält. Wir hatten oft das Glück, dass wir dort alleine unterwegs waren (vor allem unter der Woche und bei kühlerem Wetter) und uns so ungestört die Felsen von oben und unten anschauen konnten. Wenn man aber Kletterern begegnet, dann ist es selbstverständlich, dass man sich nicht an ihnen vorbeiquetscht, während sie sichern. Stattdessen drehen wir um und setzen unseren Weg anderweitig fort. Das stellt kein Problem dar, handelt es sich bei den Zugangswegen doch meistens um kurze Stichwege. Zudem hängen hin und wieder am Beginn der Zugangsstellen Verlautbarungen der Naturschutzbehörden, ob im Klettergebiet wegen Brutschutz oder Gesteinssicherungsmaßnahmen überhaupt geklettert werden darf. Was hier für den Kletterer gilt, gilt selbstverständlich auch für den Wanderer. Auf den Felsköpfen selbst darf auch nicht wild herumgeturnt werden, da man sonst einen Steinschlag auslösen könnte. Rücksichtsvolles und vorsichtiges Verhalten hat hier also oberste Priorität.

Ausrüstung

Auf anspruchsvollen Pfaden muss die Ausrüstung in Schuss sein. Wenn mitten im Nirgendwo der Tragegurt des Rucksacks reißt oder sich die Sohle des Schuhs löst, ist man ziemlich aufgeschmissen und nicht zu unterschätzenden Gefahren ausgesetzt. Die nächste Hütte mag zwar nur 1000 Meter Luftlinie entfernt sein, aber die können sich im alpinen Gelände mit kaputter Ausrüstung ziemlich hinziehen.

Schuhe Banales Ausrutschen, Umknicken oder Stolpern sind die zweithäufigste Todesursache am Berg. Von herausragender Bedeutung ist deshalb die Sohle unserer Schuhe, welche sowohl auf Gras und Erde als auch auf Geröll und Fels einen guten Halt geben muss. Unsere Routen haben Teilpassagen, die nur mit profilierten Schuhen sicher begangen werden können.

Dabei ist die Chance für Wanderer, das richtige, individuell angepasste Modell für ihren Sport zu finden, heute so groß wie nie zuvor. Die Vielfalt der Auswahl wächst stetig. So bieten fast sämtliche namhaften Hersteller für jedes Terrain spezifische Schuhe an. Die Schuhe sollten unbedingt eingelaufen sein und müssen zum individuellen Fuß passen. Da unsere Pfade sehr uneben sind und man leicht umknickt, sollten knöchelhohe Schuhe zusätzlichen

Umgestürzte Bäume sind auf unseren Pfaden keine Seltenheit.

Blick ins St. Wilhelmer Tal
(Tour 17)

Halt und Sicherheit vor Verletzung geben. Wer schon nach wenigen Kilometern Druckstellen und Blasen hat, muss sich auf ein wenig erfreuliches Wandererlebnis einstellen. Wasserdicht beziehungsweise -abweisend sollten die Schuhe auch sein, denn durch Regen aufgeweichte Schuhe scheuern ebenfalls. Sie sollten vorne nicht zu eng sein (gerne eine halbe bis ganze Nummer größer als bei den Alltagsschuhen), um weitestgehend zu verhindern, dass die Zehen anstoßen oder dass das Nagelbett beim Abwärtsgehen verletzt wird. Blasen kann man mit gutem Schuhwerk und passenden, eng anliegenden Outdoor-Socken ohne Faltenbildung von Anfang an weitestgehend vermeiden oder zumindest hervorragend durch die in jeder Apotheke erhältlichen Blasenpflaster behandeln. Um Blasen vorzubeugen, sollte man seine Schuhe gut verschnüren, denn es schont die Nagelbetten der Zehen (Anstoßen wird vermieden) und verhindert das Herumrutschen des Fußes im Schuh und somit Reibeflächen. Wenn man seine Füße vor dem Wandern eincremt, vermindert man ebenfalls Reibung und beugt Blasen vor. Geschnittene Fußnägel sind selbstverständlich. Offene Sandalen oder Schlappen für abends sollte man auch einpacken – nach einem Tag in eng verschnürten Schuhen werden es einem die Füße danken.

Stöcke Teleskop- beziehungsweise Trekkingstöcke (inklusive Federung) können sinnvoll sein, vor allem auf den Zugehwegen. Als störend haben wir die Stöcke hingegen in den alpinen Passagen empfunden, da sie uns auf den schmalen, steilen Pfaden und bei den kleinen Kletterein oft eher im Weg waren. Letztlich muss man sie nicht dauernd verwenden, sondern nutzt sie am besten einfach nach Bedarf. Aus- und wieder eingepackt und zusammengeschoben sind die Stöcke schnell. Wichtig dabei ist, dass sie über kleine Teller verfügen und eng am oder im Rucksack verstaut werden können, damit man mit ihnen nicht am Fels oder an der Vegetation hängen bleibt.

22

Rucksack Unser Rucksack sollte schmal und eng packbar sein und lieber über wenige Außenfeatures verfügen, da Befestigungsschlaufen und Außentaschen, beziehungsweise die Dinge, die an ihnen angebracht sind, den Rucksack verbreitern und so in unserem Wanderterrain an Ästen, Büschen und Felsen hängen bleiben könnten. Kletterrucksäcke entsprechen am ehesten dieser Anforderung, es gibt aber auch viele Hybridmodelle, die gut sind. Schließlich wollen wir uns nicht für jede Spezialwanderung einen neuen Rucksack zulegen.

Ein kleiner Rucksack mit maximal 20 Litern reicht vollkommen für unsere alpine Wanderung aus. Trotz des relativ geringen Gewichts, das wir auf einer Tour tragen müssen (mehr als 10 Kilogramm sollten es nie sein), plädieren wir für einen Rucksack mit Hüftgurt, der am Becken und an den Schultern gut sitzt und gepolstert ist, damit die Lasten gleichmäßig verteilt sind. Ein Belüftungssystem für den Rücken ist ebenfalls empfehlenswert.

Der Innenraum sollte abgedichtet sein, damit der Inhalt bei Regen nicht durchnässt wird. Ein Regenschutzüberzug ist ebenfalls ratsam, wobei etliche Rucksackmodelle einen solchen bereits eingebaut haben. Zur Sicherheit kann man insbesondere Kleidung zusätzlich in Plastiktüten verpacken.

Kleidung Ebenso wie der Rucksack sollte unsere Kleidung eng anliegen. Ansonsten gilt, dass in Baden-Württemberg, den Jahreszeiten entsprechend, relativ stabile Temperaturen herrschen. Man kleidet sich also der Jahreszeit gemäß. Normale Baumwolle ist schwer, lässt einen erst schwitzen, dann frieren und erfordert natürlich auch mehr Wechselwäsche (Gewicht), da sie langsam trocknet. Am besten trägt man also moderne Funktionsbekleidung in mehreren Schichten (Zwiebelprinzip in drei Lagen: 1. Merino- oder Kunstfaser, 2. leichte Jacke oder Hoody, 3. feste Jacke mit Regenschutz). Die dritte Lage sollte funktional sein, zum Beispiel muss man auch mit Handschuhen den Reißverschluss aufbekommen oder die Jacke ausziehen können. Selbst wenn man weder Kälte noch Regen erwartet, gehören die zweite und dritte Lage in den Rucksack. Muss man nämlich nach einem Unfall längere Zeit auf die Rettung warten, kühlt der Körper schnell aus, auch im Sommer. Lange Hosen und lange Socken sollten durchgehend benutzt werden, da wir uns oft durch hüfthohe Vegetation (teilweise dornig) kämpfen müssen. Zecken und mit ihnen die Gefahren, die von ihnen ausgehen, nehmen leider von Jahr zu Jahr zu. Neben

Solche Geröllfelder sind in Baden-Württemberg gar nicht so selten.

der FSME-Impfung helfen also nur dichte, helle und bedeckende Kleidung sowie abends ein genauer und prüfender Blick auf den eigenen Körper.

Verpflegung Grundsätzlich ist das Frühstück bei kontinuierlicher körperlicher Anstrengung die wichtigste Mahlzeit. Es sollte viele Kohlenhydrate enthalten, aber wenig Fett und Eiweiß. Ein Beispiel für ein geeignetes Frühstück könnte eine Portion Müsli mit fettarmem Joghurt und dazu eine Obstsorte, zum Beispiel Banane, sowie ein Vollkornbrot, belegt mit fettarmem Käse und Gurke, sein.

Damit ein Völlegefühl vermieden wird und die Kohlenhydrate auch bereits in Energie umgewandelt sind, sollte das Frühstück etwa eine bis zwei Stunden vor Beginn der Wanderung eingenommen werden. Während der Wanderung ist es ratsam, regelmäßig und in kleinen Portionen schnell verfügbare Kohlenhydrate und Energielieferanten zu sich zu nehmen. Dafür eignen sich ganz hervorragend Powerriegel, Traubenzucker und Bananen.

Ganz wichtig: Trinken Sie regelmäßig, aber nur kleine Mengen auf einmal, ansonsten merken Sie, wie Ihr Bauch beim Wandern unangenehm schwer wird. Auf unseren im Hinblick auf die Streckenlänge überschaubaren, dafür aber anstrengenden Wanderstrecken sollte es mindestens ein Liter sein. Kohlensäurefreies Leitungswasser mit Magnesiumtabletten (gegen Krämpfe) aus dem Discounter ist nach vielen Versuchen bei uns immer noch die erste Wahl. Eine kleine Flasche Cola (mit Koffein) oder eine

kleine Dose der koffeinhaltigen Hipsterbrause sei als Notnagel für all jene empfohlen, die fünf Kilometer vor dem Ziel nicht mehr können und eine schnelle und effiziente Energiezufuhr benötigen.

Links: Gerade die Pfade unter den Felsen sind spannend.

Rechts: Hier gibt es noch ein altes Sicherungsgeländer.

Karten/GPS Erst mal vorneweg: Für die meisten Touren dieses Buches gibt es aktuelles Karten- und GPS-Material vom Landesamt für Geoinformation und Landentwicklung (LGL). Relativ neu ist das digitale und umfangreiche Kartenwerk »TopMaps Freizeitkarten 25«, LGL, 1:25 000. Aktuell werden auch die 1:35 000 von den beidseitig bedruckten 1:25 000 Kartenblättern Jahr um Jahr ersetzt. Allerdings sind die heutigen Karten im Hinblick auf Genauigkeit und Wegdichte oftmals nicht mehr so detailliert wie ältere Karten. Das hat einerseits damit zu tun, dass aktuelle Karten nur noch mithilfe von Luftbildern und Satelliten erstellt werden, wohingegen die Topografen vor einigen Jahren zusätzlich noch im Gelände unterwegs waren. Heute wird dies aus Kostengründen und Personalmangel nicht mehr praktiziert. Zum anderen mag es auch daran liegen, dass das Gros der Wanderer aus touristischen und versicherungstechnischen Gründen (Wege wollen gepflegt und gesichert sein) und wegen des Naturschutzes stärker gelenkt und nicht auf abseitige Wege aufmerksam gemacht werden sollen. Deshalb ist bei einigen Routen das Thema »Karte« ein spezielles: Manche Pfade waren nur noch in älteren Kartenjahrgängen verzeichnet, und selbst im Vergleich mit den verschiedenen digitalen GPS-/GPX-Track-Karten waren die alten Karten manchmal genauer und detaillierter. Hin und wieder war auch die Karte,

Hinter der Zastler Hütte, auf dem Weg zum Hüttenwasen (Tour 17)

die direkt am Wanderparkplatz aufgestellt ist, am genauesten und eröffnete ganz neue Wegoptionen. Das hat uns in ein Beratungs- und Kartenzeichnungsdilemma gestürzt: Welches Material geben wir als Ausgangs- und Orientierungshilfe an? An einzelne Wanderkarten aus älteren Jahrgängen kommt man ja höchstens noch mit viel Glück über die Gebrauchtwarenplattformen im Internet heran. Wir haben uns deshalb zu einer Gewichtung entschlossen:

1. Am wichtigsten ist die schriftliche ausführliche Tourenbeschreibung.
2. Dann folgt die gezeichnete Karte im Buch, die aufgrund unseres (auch alten und deshalb detaillierten) Kartenmaterials erstellt wurde. Gleich wichtig ist der vom Verlag zur Verfügung gestellte GPX-Track.
3. Die empfohlenen Karten neueren Datums im Tourensteckbrief, auf denen manche Pfade aber nicht mehr eingezeichnet sind.

Etliche der hier vorgestellten Pfade verändern sich übrigens langsam durch Renaturierung. Sie werden nicht gepflegt und sind nicht mehr oder waren nie Teil des offiziellen Wegenetzes der Mittelgebirgsvereine. Es reicht aber auch schon eine große Holzabfuhrmaschine, die die Topografie und somit die Wegführung verändert. Deshalb sollte man bei einigen Touren eine gehörige Portion Orientierungssinn mitbringen.

Last, not least   Zu unserer ständigen Grundausrüstung gehören im Übrigen eine Erste-Hilfe-Ausrüstung, unbedingt Sonnenschutz (Sonnencreme und Kopfbedeckung), ein Taschenmesser, eine Taschenlampe, eine Plastiktüte für den anfallenden und auf dem Weg gefundenen Müll (wenn wir schon mal da sind) und eine Rolle Toilettenpapier (ohne Papprolle). Als einer der wichtigsten Ausrüstungsgegenstände hat sich das Smartphone erwiesen. Ob als GPS-Gerät, Fahrplanauskunft, Taschenlampe oder Notruftelefon: Das alles kann ein Handy leisten, vorausgesetzt, der Akku ist nicht leer. Empfehlenswert ist daher ein Zusatzakku (Powerbank), mit dem man das Smartphone unterwegs aufladen kann. Manche der hier vorgestellten Wege verfügen in ihrem Verlauf über sogenannte Rettungspunkte oder Standortpunkte, die bei einem Notfall telefonisch mitgeteilt werden können.

Beste Jahreszeit

Dem alpinen Charakter der Schwäbischen Alb kann man am besten an trockenen, sonnigen und schneefreien Tagen im Winter und Frühjahr nachspüren. Im Sommer ist zwar die Chance auf Trockenheit am größten, doch verbergen sich dann die meisten Felsformationen und anderen alpinen Eindrücke hinter dem dichten Bewuchs der Vegetation.

Da im Schwarzwald häufig Nadelhölzer vorherrschen, welche auch im Winter ihr Vegetationskleid behalten, spielt diese Komponente keine Rolle. Im Schwarzwald liegt im Winter häufig Schnee, was die Orientierung und das Wandern im abschüssigen, anspruchsvollen Gelände sehr erschwert. Hier sollte man auf jeden Fall auf schneefreie und trockene Tage beziehungsweise Jahreszeiten warten.

Übernachtung

Unsere Touren haben eher moderate Längen, sodass man auch von weiter her an einem Tag an- und wieder abreisen kann. Für Menschen, die in einer bestimmten Gegend bleiben wollen, vielleicht um noch die anderen alpinen Wege dort kennenzulernen (bietet sich etwa am Feldberg oder in Bad Urach an), haben wir optional Übernachtungsmöglichkeiten angegeben. Manchmal ist eine Übernachtung aber auch tatsächlich notwendig, zum Beispiel wenn man mit dem ÖPNV anreist und die letzte Verbindung zurück in Richtung Heimat verpasst. Zudem mag es für manche auch einfach entspannter sein, sich zu Tagesbeginn (man kann ja schon am Vorabend anreisen) beziehungsweise nach der Wanderung den An- oder Rückreisestress zu ersparen und sich als Belohnung nach einem harten, sportlichen Tag wohlig in ein schönes, weißes Daunenbett sinken zu lassen. Die im Buch angegebenen Übernachtungsadressen sind meistens nur eine Auswahl und sollen keine besondere Empfehlung darstellen. Da unsere Touren vermutlich auch die Gruppe der Individualisten anspricht, die gerne etwas unkonventioneller in ihrer Wahl der Übernachtung sein möchten, haben wir immer an erster Stelle einen Campingplatz angegeben.

Bei unseren Touren sind Stöcke Fluch und Segen zugleich.

An- und Abfahrt

Die im Tourensteckbrief vorgeschlagenen Bus- und Zugverbindungen sind nur als Vorschläge zu verstehen. Sie wurden einige Monate vor Erscheinen dieses Buches recherchiert, daher gilt es bei der Tourvorbereitung unbedingt zu prüfen, ob diese Verbindungen noch aktuell sind. In Baden-Württemberg kann man das ganz gut unter www.bwegt.de oder telefonisch unter 01805/77 99 66 (nicht kostenfrei!). Die jeweils beste Auskunft bekommt man aber über die Touristeninformationen vor Ort, da diese auch über saisonal oder temporär begrenzte und nur lokal angebotene Verbindungen im Bilde sind.

Die Frage der Haftung

Eigentlich sollten Wanderer froh sein, dass es Menschen gibt, die in ihrer Freizeit ehrenamtlich Wege und Sicherungsmaßnahmen warten, pflegen und beschreiben. Trotzdem muss in Zeiten von Klagewut, mangelnder Eigenverantwortung und Vollkaskomentalität leider gesagt werden: Eine Haftung bei Unfällen können weder die Mittelgebirgsvereine und Erbauer der Sicherungsmaßnahmen /Zugangswege/Zustiegshilfen noch der Verlag oder der Autor übernehmen. Durch die vor Ort aufgestellten Hinweisschilder und die Beschreibungen im Buch weiß man, dass unsere Routen nicht ungefährlich sind. Das Begehen der Wege erfolgt ausdrücklich auf eigene Gefahr und Verantwortung.

Linke Seite: Das ist harmloser, als es hier aussieht.

Wichtige Telefonnummern

Bei Notfällen ausschließlich Notruf 112 wählen. Die Bergwachten oder die Rettungskräfte der jeweiligen Regionen, also auch die Feuerwehren, werden damit alarmiert. In der Regel fordert die Rettungsleitstelle diejenigen Rettungskräfte an, die am schnellsten verfügbar sind.

Die Bergwacht empfiehlt dieses Verhalten bei Un- und Notfällen:
1. Erste Hilfe leisten
2. Notruf absetzen: 112
3. Möglichst genaue Ortsangabe (Rettungspunkte, GPS-Koordinaten, Startpunkt, Routenverlauf, Umgebungsbeschreibung)
4. Anzahl der Verletzten
5. Rückrufnummer Handy
6. Wenn möglich, Notfallpunkte an Wegkreuzungen aufsuchen. Dort sind auch die Standortnamen angebracht

Die Bergwacht in Baden-Württemberg ist in zwei Wachten aufgeteilt: Bergwacht Württemberg und Bergwacht Schwarzwald. Diese sind in große Ortsgruppen unterteilt (zu finden auf den jeweiligen Websites), welchen teilweise noch kleinere Ortsgruppen (Bereitschaften) angeschlossen sind.
- Bergwacht Schwarzwald e. V., Landesgeschäftsstelle, Scheffelstraße 49, 79199 Kirchzarten, Telefon (0761) 49 33 66, www.bergwacht-schwarzwald.de
- DRK Bergwacht Württemberg, Landesgeschäftsstelle, Badstraße 41, 70372 Stuttgart, Telefon (0711) 550 51 24, www.bergwacht-wuerttemberg.de

Der Präger
Gletscherkessel
im Herbst

Neue alpine Pfade

1 Die wilden Seiten des Odenwaldes

Von der Wolfsschlucht über den alpinen Teil des Neckarsteigs zum Urwaldpfad bei Neunkirchen

Mittel | 20 km | 433/126 Hm | 6:45 h

Tourenverlauf
Bahnhof Lindach – Wolfsschlucht – Zwingenberg – Reihersee – alpiner Wegabschnitt Neckarsteig – Ruine Stolzeneck – Urwaldpfad – Schleuse Rockenau – Bahnhof Lindach

An-/Abfahrt
Mit der S-Bahn zum Bahnhof Lindach

Ausgangs-/Endpunkt
Bahnhof Lindach

Karten
Mosbach/Naturpark Neckartal-Odenwald (Ostblatt), 1:50 000, Freizeitkarte F 514. Der zweite Teil des Urwaldpfades ist nicht verzeichnet.

Information
Zwingenberg (Baden), Alte Dorfstraße 8, 69439 Zwingenberg, Telefon (06263) 451 52, info@gemeinde-zwingenberg.de, www.zwingenberg-neckar.de Bürgermeisteramt Neunkirchen, Marktplatz 1, 74867 Neunkirchen, Telefon (06262) 921 20, www.neunkirchen-baden.de

Im südlichen Odenwald gibt es mehrere Klingen, wie die steilen, schluchtartigen Täler heißen. Eine der bedeutendsten ist die Wolfsschlucht bei Zwingenberg. Auf der anderen Talseite verläuft der Neckarsteig, der hier abschnittsweise als alpin gilt. Direkt dahinter schließt im oberen Neckarhang der »Urwaldpfad« in einem naturbelassenen Wald mit Felsenmeer an.

Los geht es am S-Bahnhaltepunkt Lindach ❶. Wir überqueren die Straße Am Steinbusch, halten uns kurz rechts und treffen auf den Abzweig der Straße Sommerrain. Dieser Straße folgen wir 400 Meter bis zum Friedhof. Rechter Hand führt ein Weg am Friedhof vorbei gen Waldrand. Dort treffen wir auf den mit dem roten R markierten Wanderweg, dem wir nach rechts hinterherwandern. Nach etwa einem Kilometer erreichen wir das ehemalige Bahn-

Am Ende der Tour wartet der Urwaldpfad.

wärterhäuschen von Zwingenberg (148 m). Ab hier folgt nun der langsame Anstieg auf dem alten (mittlerweile verlegten), mit dem roten R markierten Wanderweg in die Wolfsschlucht und in den Wald hinein. Der Pfad führt oberhalb beziehungsweise parallel der Schlucht entlang, nähert sich immer mehr der linken Schluchtwand an und mündet nach 1,5 Kilometern in den oberen Beginn der Schlucht ❷. Der Abstieg durch die Schlucht zur Burg Zwingenberg macht wirklich Spaß, ist aber bei nasser Witterung nicht ganz ohne. Schmale, steile Pfade führen uns über umgestürzte Bäume und entlang eines Wildbaches zur Burg hinunter, die nicht

Die Wolfsschlucht ist die beeindruckendste Klinge im Odenwald.

Anforderungen

In der Wolfsschlucht (T3), auf dem alpinen Abschnitt des Neckarsteigs (T2) und dem Urwaldpfad (T2) ist vor allem nach Regen Trittsicherheit gefordert.

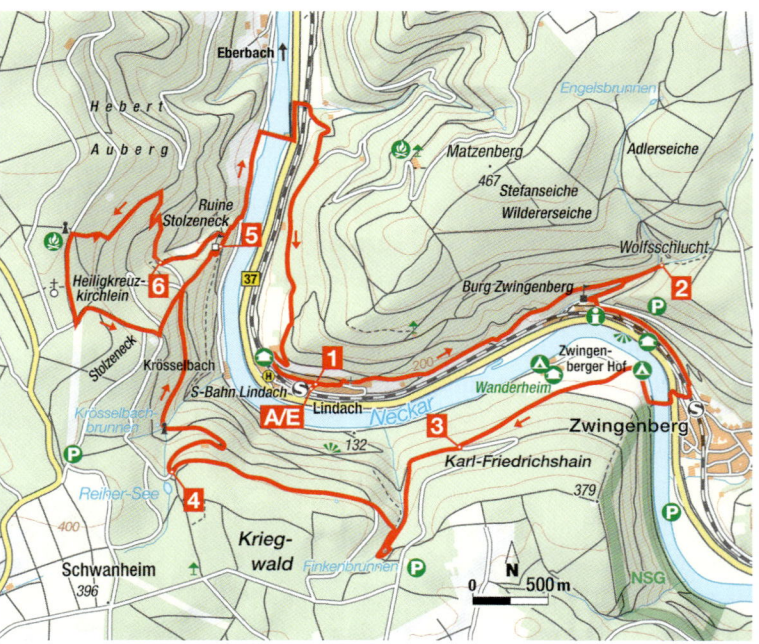

Nass wird man hier von
allen Seiten.

öffentlich zugänglich ist. An besonders ausgesetzten Stellen helfen Stahlseile und Stufen. Bereits nach einem Kilometer ist der Abstieg direkt an der Burg vorbei.

Die Schloßstraße (rotes Kreuz auf weißem Grund) führt uns hinunter zum Bahnhof Zwingenberg. Wir unterqueren die Gleise, halten uns links und können nun über die Brücke den Neckar überqueren. Nach der Brücke rechts halten, am Bootsklub und dem Campingplatz vorbei der Straße Im Hoffeld folgen. (Wer zum Naturfreunde-haus möchte, nimmt die erste Abzweigung nach rechts und wandert einfach dem Hinweisschild zum Naturfreundehaus Zwingenberg hinterher, einer Häuser-ansammlung, die nach einem Kilometer erreicht ist und direkt gegenüber der Burg Zwingenberg liegt.) Unser Wegzeichen ist das rote Kreuz auf weißem Grund. Es folgt nun ein steiler und langer Anstieg, der uns zuerst etwa einen Kilometer auf

Die Ruine Stolzeneck ist wirklich lohnenswert.

dem Asphaltsträßchen bergauf führt. An einer scharfen Linkskurve verläuft unser Weg danach geradeaus in den Wald hinein ❸. Nach 150 Metern geht es dann steil und gerade 700 Meter auf einem Pfädchen den Berghang hinauf. Rechter Hand plätschert parallel dazu der Finkenklingenbach den Hang zum Neckar hinunter. Oben angekommen geht es ganz kurz nach links, vielleicht zehn Meter. Ein Baum mit diversen Wegzeichen steht rechts. An ihm führt links ein Pfad vorbei, zum Bach hin. Unser Wegzeichen ist hierfür kurze Zeit das blaue N des Neckarsteiges.

Nachdem wir den Bach überquert haben, wandern wir kurz an seiner linken Seite leicht bergab. Unser Pfad geht dann nach links ab und trifft auf einen Waldwirtschaftsweg beziehungsweise eine kleine Kreuzung. Von links kommt der Neckarsteig, wir aber folgen hier dem Forstweg, der gegenüber unserer Pfadeinmündung liegt (Gürtelweg). Hier liegt auch der Pavillon Schlossblick. Der Reiher-See

Wolfsschlucht

Vorab in Zwingenberg informieren, ob die Wolfsschlucht begangen werden kann.

(366 m), eine schöne Rastmöglichkeit, wird nach circa 1,5 Kilometern, links liegend, passiert ❹. Hier halten wir uns rechts und wandern auf dem alpinen Wegabschnitt des Neckarsteiges zur 2,5 Kilometer entfernten Ruine Stolzeneck (205 m) ❺. Ein toller Pfad, der durch den Wilden Waibelsberg beziehungsweise Krösselbacher Hang führt. Trittsicherheit ist gefragt. Der kurze Stichweg zur Felsenhütte, einem in den Fels gehauenen Unterstand mit Aussicht, ist ein weiteres Schmankerl. Die Ruine selbst besticht durch ihre hohe, schmale Schildmauer, von wo aus man schöne Ausblicke hat. Direkt hinter der Burg folgen wir nach links dem asphaltierten Weg ungefähr 300 Meter ein Stück bergauf, quasi wieder an der Burg vorbei. Rechter Hand Wiesen und ein Bach, der ins Tal hinabrauscht. An der folgenden scharfen Linkskurve halten wir uns rechts und tauchen in ein kleines Bachdelta ein, das von vermoosten Steinen und lauter kleinen Bachläufen (zumindest nach Regenfällen) durchzogen ist.

Der sogenannte »Urwaldpfad« ❻ ist nun für ein paar hundert Meter unser Weg und führt uns bergauf über Bäche, Steine und Baumstämme durch den Wald. Wunderschön. Bei der nächsten Wegeinmündung verlassen wir den Urwaldpfad kurz und halten uns auf einem Forstweg links. Der wilde Pfad findet kurz darauf an einer Abzweigung nach rechts seine Fortsetzung. Wenig später trifft der Pfad wieder auf einen Forstweg und wir biegen links auf diesen ab (rotes Dreieck auf weißem Grund). Wir passieren kurz darauf den Abzweig zum sogenannten »Kirchel« und erreichen etwas weiter offenes Gelände. Hier dem roten Dreieck nach links, bergab, folgen. Wir treffen nach 600 Metern wieder auf den Neckarsteig (nach links) und somit auf den von vorhin bereits bekannten Weg zur Ruine Stolzeneck. Von dort führt ein Fußweg zum Neckar an die Schleuse Rockenau (135 m) hinunter. Die Schleuse (danach links halten), die B 37 und die Gleise werden gequert. Dann bringt uns das rote R zurück nach Lindach.

Linke Seite: Ein kleiner Eindruck vom alpinen Abschnitt des Neckarsteiges

Einkehr und Unterkunft

Odenwald river camp, Bannwiesen 1, 69437 Neckargerach, Telefon (06263) 427 66 30, www.odenwald.camp

NFH Zwingenberg, Im Hoffeld 7–8, 69439 Zwingenberg, Telefon (06263) 5 20, www.naturfreundehaus-zwingenberg.de, Zeltplatz vorhanden

Goldener Anker, Alte Dorfstraße 49, 69439 Zwingenberg, Telefon (06263) 427 81 21, www.goldener-anker-zwingenberg.de

Wanderunterkunft Bartmann, Eichenweg 2, 69439 Zwingenberg, Telefon (06263) 96 79

2 Zwei der rauesten Schluchten im Schwäbischen Wald

Der Klingen- und Schluchtentrail bei Welzheim – Wiesnazschlucht und Geldmacherklinge

Die wilden Bachschluchten und Klingen des Schwäbisch-Fränkischen Waldes sind wegen ihrer Ursprünglichkeit schon lange ein Geheimtipp. In der Wieslaufschlucht bahnt sich die Wieslauf nach Regenfällen brodelnd ihren Weg durch den Wald. Über schwankende Stege und Pfade geht es zum Strümpfelbachviadukt und weiter durch die fast alpine Geldmacherklinge zur Laufenmühle, wo Wasserfälle am Eisenbahnviadukt vorbei in die Tiefe stürzen.

Mittel	9,4 km	544/363 Hm	2:50 h

Tourenverlauf
Laufenmühle – Wieslaufschlucht – Steinbach – Schellenberg – Geldmacherklinge – Hangweg – Wieslaufsträßchen – Laufenmühle

An-/Abfahrt
Mit dem Zug von Stuttgart nach Schorndorf. Von dort (Haltestelle Grabenstraße) mit dem Bus 263 nach Welzheim. Ab ZOB Welzheim mit dem Bus 228 zur Haltestelle Laufenmühle. Oder mit dem Pkw zu den Parkplätzen an der Laufenmühle.

Ausgangs-/Endpunkt
Wanderparkplatz Laufenmühle

Karten
Göppingen/Schorndorf, 1:35 000, Karte des SAV, Karte 13

Information
Tourist-Information, Pfarrstraße 6, 73642 Welzheim, Telefon (07182) 80 08 15, tourist@info-welzheim.de, www.welzheim.de

Ausgewaschene Felsformation in der Geldmacherklinge

Wir starten am Wanderparkplatz der Laufenmühle ❶ und folgen der breiten Forststraße nach Westen mit dem roten Kreuz und den diversen Mühlenwegzeichen. Rechts von uns liegt die Wieslauf, die man zwar noch nicht richtig sieht, aber nach starken Regenfällen tosen hört. Nach 500 Metern geht's nach rechts zur Wieslaufschlucht und Klingenmühle (400 m), die auf der anderen Seite des wilden Baches liegt, hinunter (Mühlenwegzeichen). Die Mühle kann über einen Steg erreicht werden ❷.

Je nach Wasserstand passieren wir nun auf abenteuerlichen Pfaden, die direkt am Gewässer entlang-

Tosend fällt das Wasser am Holzfällerdenkmal in die Tiefe.

Anforderungen

Ein wildes Bachtal (T2) und eine Klinge (T3), die nicht nur nach Regenperioden zwar aufregend sind, aber dennoch konzentriert durchgangen werden sollten.

laufen, diverse Wasserfälle. Auch solche, die in kleinen Seitenarmen liegen und den Bach speisen. Über einige schwankende Stege und umgestürzte Bäume geht es durch den Bannwald voran. Es ist oft glitschig und feucht, weil aus den steilen Schluchtwänden Feuchtigkeit austritt. Da die Schlucht eng ist, können nach ergiebigen Regenfällen die Wassermassen den Wegverlauf schon mal »verlegen«. Nach etwa 30 Minuten ist dieses Abenteuer leider vorbei und wir erreichen, die L 1080 (Laufenmühlstraße) und die Gleise der Schwäbischen Waldbahn querend, den Weiler Steinbach mit dem Strümpfelbachviadukt ❸. Dieses liegt wenige Meter entfernt und lohnt einen Blick.

Gleich hinter den Gleisen führt uns ein Fußweg rechter Hand zum Zufahrtssträßchen nach Schmalenberg beziehungsweise dem Kellerklinghöfle hinauf. Treffen wir auf die Fahrstraße, halten wir uns links und nehmen nach circa 300 Metern den Forstweg nach rechts. Diesem folgen wir nun kurvig (Rechtskurve/Linkskurve/Rechtskurve/Linkskurve) und weiterhin leicht ansteigend durch den Wald, bis wir erneut auf das Zufahrtssträßchen nach Schmalenberg und zum Kellerklinghöfle treffen, das mittlerweile aber beide Orte passiert hat. Es geht nach links auf dem Zufahrtssträßchen weiter bergan bis zur Abzweigung am Hofgut Schmalenberg (540 m) ❹. Hier geht es rechts ab und wir folgen dem abfallenden Weg zum Waldrand. Bei der gleich darauf folgenden Weggabelung folgen wir dem kleinen Pfad

Ein schwankender Steg in der Wiesnazschlucht

Rechte Seite: Die Wiesnaz wird von allen Seiten gespeist.

Sehenswert

Wer Zeit hat, kann noch die romantische Edenbachschlucht an die Tour anhängen. In Welzheim ist der Archäologische Park Ostkastell sehenswert.

So sieht es in der Geld-
macherklinge aus.

(blaues Kreuz) nach rechts, der uns zum spannenden Einstieg der Geldmacherklinge führt ❺.

Der Pfad in die Klinge hinein ist nicht ohne!

Bei Regen ist hier erhöhte Konzentration erforderlich und die Absicherungen erwecken auch keinen zuverlässigen Eindruck, aber das macht diese kurze, etwa 500 Meter lange, alpine Wegpassage durch den ausgewaschenen Sandsteinkessel noch spannender. Das blaue Kreuz führt uns danach durch den Wald zum 400 Meter entfernten Wieslaufsträßchen hinunter, das vom Ebnisee kommt und zur Laufenmühle führt. Dieser an sich schöne Weg ist aber für unsere Zwecke etwas zu gemächlich. Deshalb wandern wir nach links und nehmen kurz darauf den mit dem roten Strich markierten Wanderweg nach rechts, die Wieslauf querend in den Hangwald hinauf ❻. Der Pfad geht steil bergan und führt nach und nach zum Waldsaum auf der Ebene empor. Kurz zuvor teilt er sich aber auf und wir nehmen die unmarkierte Pfadvariante, die weiter im Hang verläuft, um dann auf den Mühlenweg zu treffen, der uns ins Wieslauftal zum Wieslaufsträßchen kurz vor der Laufenmühle hinunterbringt. Wir passieren das interessante Gelände der Laufenmühle und überqueren die L 1080. Hier liegen der Edenbachwasserfall sowie ein Holzflößerdenkmal, das an die Holzfällervergangenheit der Region erinnert, und über allem thront das mächtige Eisenbahnviadukt. Wir laufen zum wenige Meter weiter liegenden Wanderparkplatz zurück.

Einkehr und Unterkunft

Camping Zeltplatz Aichstrutsee, Telefon (07182) 70 81 oder (07172) 318 42, www.welzheim.de/freizeit-tourismus/uebernachten. Auf der Webseite sind auch Stellplätze für Wohnmobile zu finden.

Klingenmühle 1, 73642 Welzheim, Telefon (07182) 539 65 00, www.klingenmuehle.com, geöffnet an Wochenenden, Ferien täglich

Laufenmühle, Restaurant Molina, Laufenmühle 8, 73642 Welzheim, Telefon (07182) 80 07 26, www.eins-und-alles.de/cafe-restaurant

NFH Auf der Heide, Heide 3, 73642 Welzheim, Telefon (07182) 83 18, Buchung Telefon (07182) 73 25, www.naturfreunde-welzheim.de

Gasthof zum Lamm, Gschwender Straße 7, 73624 Welzheim, Telefon (07182) 88 03, www.gasthof-lamm-welzheim.de

3 Die steilen Pfade der Fünftälerstadt

Ruine Helfenstein, Felsental, Anwand- und Bismarckfels in Geislingen

● Mittel	🚶 Km 16,4 km	⛰ Hm 671/446 Hm	🕐 5:20 h

Tourenverlauf
Bahnhof Geislingen – Ruine Helfenstein – Weiler – Felsental – Eybach – Himmelsfelsen – Anwandfels – Bismarckfels – Ödenturm – Bahnhof Geislingen

An-/Abfahrt
Mit dem Zug nach Geislingen

Ausgangs-/Endpunkt
Bahnhof Geislingen

Karten
Geislingen/Drei Kaiserberge/Lonsee, 1:25 000, Karte des SAV, W230

Information
Tourismus Stadt Geislingen an der Steige, Hauptstraße 1, 73312 Geislingen an der Steige, Telefon (07331) 243 74, www.geislingen.de/de/gaeste/tourismus-freizeit/sehenswertes

Rechte Seite: Der Ödenturm besticht mit seiner beeindruckenden Lage.

Die Geislinger Steige am Albaufstieg ist die steilste Normalspurstrecke Europas – und so ist die Landschaft drumherum. Nach steilem Aufstieg zur Ruine Helfenstein geht's durchs romantische Felsental nach Eybach. Von dort hinauf zum Himmelsfelsen und unter Umständen auf allen vieren hinab nach Geislingen. Bismarckfels-Aufstieg und Ödenturm-Aussicht erwarten uns mit einem wunderbaren Panoramblick auf die Trauflandschaft.

Unsere Wanderung beginnt am Bahnhof von Geislingen (470 m) **❶**. Direkt am Bahnhof überqueren wir die Gleisanlagen und stoßen auf die Alte Weilerteige. Dort treffen wir auch auf unser Wegzeichen, die rote Gabel. Nach dem letzten Haus, links, geht ein Zickzackweg ab und bringt uns nach etwa 15 Minuten zur Ruine Helfenstein (610 m) **❷**. Auf fast ebenem Weg und der roten Gabel folgend gelangen wir ins Dorf Weiler ob Helfenstein. Via Ödenturmweg und Dorfstraße treffen wir auf die außerhalb des Dorfes liegende Schalkstetter Straße/K 1441. Der Kreisstraße folgend treffen wir nach 700 Metern auf eine Wegabzweigung (unter der Hochspannungsleitung). Hier nach links zum Waldrand. Ab hier nehmen wir erneut die linke Abzweigung und folgen dem Pfad, der den Ein- und Abstieg ins Felsental **❸** markiert, in den Wald hinein. Auf schmalen Pfaden und durch eine kleine Felspassage, die durch Leitern überbrückt wird, geht es jetzt nach Eybach (464 m) hinunter (rote Gabel), das wir nach etwa zwei Kilometern erreichen.

Via Felsentalstraße und Mühlbachstraße kommen wir zum Marienplatz und halten uns links. Dann nach rechts über die L 1221 und die Roggentalstraße zum Schloss nehmen. Daran vorbei und gleich darauf nach links wandern. Ein kurzer, steiler Anstieg bringt uns wieder zum Albtrauf hinauf. Dabei passieren wir den Großen **❹** und Kleinen Himmelsfels (609 m), dessen 65 Meter hohe Steilwand 1934 erstmals von zwei Stuttgarter Bergsteigern bezwungen wurde. Im Mittelalter stand hier die Burg Hoheneybach.

44

Mittagsrast auf dem Himmelsfels

Rechte Seite: Hinter dem Anwandfels geht es steil bergab.

Die folgenden drei Kilometer verlaufen am Albtrauf entlang (rote Raute), zuerst auf einem geschotterten Waldweg, dann auf einem Waldweg beziehungsweise Pfad (je nach Pflegezustand). Ausblicke ins Eybtal sind aber wegen der dichten Hangbewaldung eher selten. Der Weg endet nach knapp drei Kilometern. Nach rechts führt ein Waldweg auf die Hochfläche hinaus. Wir müssen nach links, auf einem Pfad in den Hangwald hinein. Diese Wegabzweigung zum Anwandfels beziehungsweise nach Geislingen hinunter liegt etwas versteckt (rote Raute). Nach 50 Metern erreichen wir den Aussichtsfels ❺. Tolle Ausblicke hat man von hier auf Geislingen und in die Täler der Fils hinein.

Der steile Abstieg nach Geislingen beginnt im Hangwald, wenige Meter vor dem Fels. Nach zehn Minuten queren wir die K 1400, die ebenfalls nach Geislingen hinunterführt. Aufpassen! Nach 200 Metern stößt unser Weg kurz vor dem Tal wieder auf den Verlauf dieser Straße. Wir folgen der Straße die letzten Meter ins Tal hinunter und treffen an einer großen Straßenkreuzung auf die L 1221/Heidenheimer Straße. Diese queren wir unmarkiert am Sportzentrum Respofit und stoßen auf den Weg Im Schieber. Hier treffen wir wieder auf die rote Raute und folgen dieser kurze Zeit links der Schienen bis zum Aufstieg zum Bismarckfelsen (600 m) ❻.

Wir steigen weiter zum Trauf empor und folgen nun dem teils unmarkierten Pfad am Trauf entlang bis zum Ortsrand von Weiler ob Helfenstein. Auf diesem Abschnitt liegt übrigens etwa 700 Meter vor Weiler direkt unterhalb des Kamel-

Anforderungen

Aufstieg zur Ruine Helfenstein, Aufstieg zum Himmelsfels und Bismarckfels T2, Abstieg vom Anwandfels T3. Der Abstieg durchs Felsental, in manchen Onlinepublikationen als Klettersteig (sic!) ausgewiesen, ist wunderschön, aber eher T1.

felsens die 10 Meter lange Kamelfelsenhöhle, die eine kurze Durchgangshöhle ist. Via Schakstetter Straße geht's in das Dorf. Die erste Straße nach links nehmen (Dorfstraße) und gleich darauf, am Ödenturmweg, treffen wir wieder auf den schon bekannten Wanderweg, der rechts von der Ruine Helfenstein heraufkommt. Wir folgen der gelben Gabel ab hier durch eine flache Senke, die Teufelsklinge, zum Ödenturm. Dahinter steigen wir steil auf einem Zickzackweg zum Bahnhof Geislingen ab, zu Beginn mit dem gelben Dreieck. Der steile Pfad mündet in eine Forststraße. Hier geht es nach rechts, via Brunnensteig und eine Treppenpassage nähern wir uns dem Tal und dem Bahnhof an. Über die Schlosshalde und den mit der roten Gabel markierten Wanderweg vom Beginn der Wanderung erreichen wir den Bahnhof.

Beim Abstieg nach Geislingen hinunter sind manchmal alle vier Gliedmaßen gefordert.

Linke Seite: Die kurze Leiterpassage durch das Felsental

Einkehr und Unterkunft

Campingplatz im Längental, Längental 1, 73312 Geislingen an der Steige, Telefon (0163) 153 12 67, www.5taelercamping.de

Hotel Krone, Stuttgarter Straße 148, 73312 Geislingen, Telefon (07331) 305 60, www.hotel-krone-geislingen.de

Landgasthof Ochsen, Von-Degenfeld-Straße 23, 73312 Geislingen-Eybach, Telefon (07331) 93 25 30

4 Zwischen Flipflops und T4

Von Fels zu Fels – entlang der Hausener Wand bei Bad Überkingen

| Leicht | 7,6 km | 725/439 Hm | 2:40 h |

Tourenverlauf
Bad Überkingen – Jungfraufels – Hausener Wand – Bad Überkingen

An-/Abfahrt
Mit der Bahn nach Geislingen/Steige. Von dort mit dem Bus 56 nach Bad Überkingen. Mit dem Pkw zum Wanderparkplatz an der L 466, Nähe Autalhalle

Ausgangs-/Endpunkt
Bad Überkingen, Ortsmitte

Karten
Geislingen/Drei Kaiserberge/Lonsee, 1:25 000, Karte des SAV, W230. Der Zugangspfad zu den Kletterfelsen ist nicht verzeichnet.

Information
Tourismus-Information Bad Überkingen, Otto-Neidhart-Platz 2, 73337 Bad Überkingen, Telefon (07331) 20 09 26, www.bad-ueberkingen.de/de/tourismus-freizeit/tourist-info

Von Weitem leuchten die Felsen der Hausener Wand, die 250 m steil aufragt. Eng an die Bergflanke geschmiegt, schlängelt sich der schmale Zugangspfad zum Kletterareal unter den Felsen entlang. Weit genug weg von den Sicherungsstellen, sodass wir die Kletterer nicht stören, ergeben sich hier außergewöhnliche Einblicke in die harsche Bergwelt der Alb.

Los geht es in Bad Überkingen (440 m) ❶ an der Bushaltestelle Badhotel oder Badstraße. Wir überqueren die Fils und befinden uns im Kurpark. Am gegenüberliegenden Ende des Parks liegt die Parkstraße, welche wir bis zur B 466 vorlaufen, die wir unterqueren. Wir folgen der roten Raute auf einem asphaltierten Feldweg bergan und stoßen 300 Meter später auf einen Wegweiser am Waldrand. Ab hier wird der Weg zum Pfad und die rote

Am anderen Ende der Hausener Wand liegen die gleichnamigen Felsen.

50

Raute leitet uns steil einen Kilometer zum Trauf (680 m) und dem Jungfraufels hinauf. Wir halten uns links und gleich darauf zweigt ein unscheinbares Pfädchen nach links ❷ ab. Dies ist nun der Zugangspfad zu den Kletterfelsen der Hausener Wand, die so klangvolle Namen wie Frühstücksturm haben. Es geht steil unter die Felsen und wir kommen aus dem Staunen nicht heraus, mit wie viel Aufwand und Geschick Pfade, Treppen und Bohlenwege in den steilen Hang hineingebaut wurden. Absolute Trittsicherheit und Schwindelfreiheit sind gefragt. Wie bereits aus dem ersten Buch bekannt –

Die Pfade zu den Kletterstellen von oben betrachtet

Anforderungen

Die Wanderung schwankt zwischen Spaziergang und T4-Abschnitten. Vor allem der wunderbare Zugangssteig zu den Kletterfelsen ist T3 bis T4. Die Stichpfade zu den Felsköpfen dahinter schwanken zwischen T2 und T3.

Einer der vielen Stichpfade auf die Felsköpfe der Wand

das ist Klettergebiet und wir können uns hier nur unbefangen bewegen, wenn keine Kletterer da sind. Ansonsten bewegen wir uns auf den äußersten Pfaden, die von den Felsen am weitesten weg sind. Zwei Halbkessel sind mit einem Bohlenweg miteinander verbunden. Ausstiege nach oben sind aus Naturschutzgründen nicht erlaubt und deswegen bewegen wir uns auf den gleichen Pfaden wieder zum Ausgangspunkt dieser kleinen alpinen schwäbischen Wunderlandschaft zurück. Der nächste, gute Kilometer zum Hausener Fels ist nun leicht zu beschreiben (rote Raute / Löwenpfade – Felsenrunde). Es geht auf einem wunderschönen gemütlichen Spazierpfad mit Hochebenenblick auf der rechten Seite gemütlich dahin,

Die Hausener Felsen

unterbrochen allerdings von tollen, aber schwindelerregenden Abstechern auf die Felsköpfe der Hausener Wand, die wiederum absolute Schwindelfreiheit und Trittsicherheit erfordern. Die Stichpfade zu den aussichtsreichen Felsen liegen linker Hand im Wald – manchmal offensichtlich, manchmal etwas versteckt. Man sollte zudem aufpassen und nicht eine der Wildspuren als Pfad interpretieren, welche in die steilen Halden beziehungsweise ins Nirgendwo führen. So grasen wir Felskopf um Felskopf ab und treffen kurz vor dem Hausener Felsen auf den Abzweig ins Tal. Die 100 Meter zum Hausener Felsen ❸, genauer der Felsengruppe dieses Namens, sollte man aber unbedingt noch zurücklegen, denn diese kesselförmige Felsformation ist wieder vom Feinsten und kann auf Stichpfaden erkundet werden. Zurück

Autalwasserfälle

Auf der anderen Talseite liegen die Autalwasserfälle, die auch auf interessanten Wanderwegen erkundet werden können.

53

zum Abzweig geht es auf schmalen Pfaden ins Tal hinunter, erst durch den Hangwald, dann durch eine kleine Heidelandschaft. Unten angekommen (500 m) ❹, können wir durch alte Streuobstwiesen die komplette Felswand in ihrer ganzen Pracht sehen und entdecken ein schönes Kreuz, das auf einer kleinen Anhöhe in den Wiesen aufgestellt ist. Wir halten uns links und folgen dem sogenannten Oberen Waldweg gen Überkingen. Das wichtige Wegzeichen ist für uns aber das gelbe Nordic-Walking-Schild. Dieses leitet uns nach 300 Metern in den Wald ❺, wo der Weg zum schmalen Pfad mutiert und wieder leicht ansteigt. Wenige hundert Meter weiter treffen wir auf den vom Beginn der Wanderung bekannten Wanderweg, der mit der roten Raute markiert ist und zur Hochfläche hinaufführt. Diesem folgen wir einfach wie bekannt wieder nach Bad Überkingen hinunter. Der Wanderparkplatz ist via Badstraße, Hausener Straße und Autalweg erreichbar.

Die Wand in ihrer ganzen Pracht

Linke Seite: Wilde und alte Streuobstwiesen säumen den Felssockel.

Einkehr und Unterkunft

Campingplatz im Längental, Längental 1, 73312 Geislingen an der Steige, Telefon (0163) 153 12 67, www.5taelercamping.de

Bad-Hotel, Otto-Neidhart-Platz 1, 73337 Bad Überkingen, Telefon (07331) 30 20, www.badhotel-ue.de

Altes Pfarrhaus, Otto-Neidhart-Platz 11, 73337 Bad Überkingen, Telefon (07331) 715 76 39, www.altespfarrhaus-hotel.de

Hotel Hohe Schule, Kirchgasse 10, 73337 Bad Überkingen, Telefon (07331) 946 33 55, www.hotel-hohe-schule.de

5 Durch einen schwäbischen Dschungel

Der 7-Brücken-Weg bei Bad Boll

Mittel	5,8 km	587/415 Hm	1:45 h

Tourenverlauf
Eckwälden – 7-Brücken-Weg – Breiter Stein – Eulenweg – Unterer Teufelslochweg – Eckwälden

An-/Abfahrt
Mit dem Zug nach Göppingen. Vom ZOB mit dem Bus 20 nach Eckwälden Ortseingang, Bad Boll. Oder mit dem Pkw direkt nach Eckwälden. Parkplätze im Dorf

Ausgangs-/Endpunkt
Eckwälden Ortseingang, Bad Boll

Karten
Der Pfad ist auf keiner uns bekannten Karte verzeichnet. Lediglich auf einer alten Wanderkarte des Tourismusbüros Bad Boll, welche auf Nachfrage manchmal noch gratis versendet wird, ist der Pfadverlauf zu finden.

Information
Tourismusbüro Bad Boll, Hauptstraße 94, 73087 Bad Boll, Telefon (07164) 808 28, www.bad-boll.de/de/vorseite

Ein Hoch dem Förster, der diesen tollen, wilden Pfad angelegt hat. Es geht durch steiles und morastiges Gelände am Schluchthang entlang. Die Schuhe können schon mal knöcheltief im Schlamm stecken bleiben. Überbordende Vegetation bildet grüne Tunnels und stachelige Brombeerranken verhaken sich im Rucksack. Drei schwankende Stege werden überquert oder durchs Bachbett umgangen. Es zwitschert, fiept, und summt. Es klingt nach Amazonas, liegt aber direkt vor der Haustür.

Start der Erkundung des Naturschutzgebietes Teufelsloch ist in Eckwälden die Bushaltestelle Dorfstraße ❶. Wir gehen 300 Meter auf dieser Straße weiter durch das Dorf, dann biegt nach links die Straße Helenental ab. Deren Verlauf folgen wir und überqueren die erste Brücke, die linker Hand liegt. Kurz darauf queren wir an der zweiten Brücke, die gleichzeitig eine Zufahrt zu einem Grund-

In manchen Onlineforen auch als Pietkongpfad beschrieben, der ...

... manchmal nur gebückt durchgangen werden kann.

stück ist (Helenental 18), zurück. Es geht nach links, parallel zum Bach auf Privatgelände weiter. Bitte rücksichtsvoll sein, der Eigner hält freilaufende Hühner, die einem schon mal zwischen den Beinen herumspazieren können. Ein Knüppelweg führt in den Wald. Wenig später erreichen wir die dritte Brücke. Sie ist aus Holz. Wenige Meter dahinter folgen wir dem Trampelpfad **2**, der nach links abgeht. Er leitet uns an den steilen Bachschluchtwänden entlang durch einen urigen Wald. Nach wenigen hundert Metern

Anforderungen

Nach langen oder starken Regenfällen sollte der 7-Brücken-Weg nicht begangen werden. Die Querung des sechsten Steges erfordert Gleichgewichtssinn und Geschick (T3). Ansonsten gibt es drei bis vier ausgesetzte Stellen. Der komplette Pfad erfordert absolute Trittsicherheit (T3). Orientierungssinn ist an der Schlüsselstelle auf dem Waldplateau gefragt.

Dieser Steg muss umgangen werden.

entfernt er sich vom Bach und stößt auf einen zuwuchernden, steinigen Waldweg, der aus dem Wald herausführt. Jetzt heißt es aufgepasst, nach 150 Metern geht nach links ein zuwachsender Pfad ab ❸, der durch Büsche und hohes Gras zu einer kleinen Lichtung führt. Hier steht das einzige Schild, das auf den 7-Brücken-Weg hinweist.

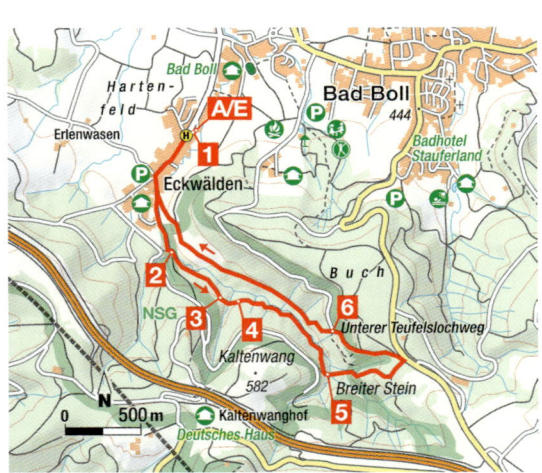

Kurz zur Orientierung: Wir befinden uns jetzt oberhalb eines Zuflussbaches, die Teufels-lochklinge beziehungsweise der Bach liegt linker Hand, Luftlinie 150 Meter entfernt. Wir steigen kurz, aber sehr steil und rutschig zu dem Zuflussbach hinunter und treffen auf die Überreste der vierten Brücke oder besser eines Steges. Auf dem Steg kann man den Bach nicht mehr passieren, deshalb haben Vorgänger von uns einen Pfad zum Bach hinunter und wieder herauf gespurt. Hinter dem Steg geht es auf einem schmalen, rutschigen Pfad scharf links, am Hang entlang, auf ein kleines Plateau. Hier liegt orientierungstechnisch die Schlüsselstelle der Tour. Bei so mancher Vorwanderung standen hier Wanderkameraden/-innen und wussten nicht mehr weiter. Ein Trampelpfad führt scharf links, zum Plateauende, also in eine Sackgasse – nicht gehen! Eine andere Variante führt nach rechts bergan – auch nicht nehmen. Unsere Pfadfortsetzung liegt genau in der Mitte dieser zwei Optionen, also eher linker Hand. Man muss ein bisschen suchen, denn eine visuell erkennbare Spur entdeckt man erst ein paar Meter weiter, da es erst hier wieder Gräser gibt ❹.

Ist die Spur gefunden, ist für den Rest der Wanderung das Thema Orientierung kein Problem mehr. Der Pfad nähert sich nun wieder dem Teufelslochbach an. Es geht kurz bergab, dann wird eine Nebenschlucht auf einem gut passierbaren, fünften Steg überquert. Vor allem im Hochsommer, wenn die Vegetation am üppigsten ist, kommt der Trail wirklich einem Dschungelpfad nahe. Er ist abschüssig, oft abgerutscht und rutschig,

Das einzige Hinweisschild zu Beginn des Pfades

es geht durch mannshoch und höher wachsende Büsche, Gräser, Niederwald und Wald. Ein sechster, sehr wackeliger Steg wird überquert. Er ist der letzte, eine siebte Brücke haben wir nicht überqueren müssen beziehungsweise nicht ausfindig machen können. Wir haben uns sagen lassen, dass diese siebte Brücke mittlerweile wieder zur Natur geworden ist. Nach etwa 30 Minuten (ab Plateau) führt der Pfad zum Bach hinunter und wir treffen auf den Breiten Stein ❺, eine flache Wasserfallbank, die hier von verschiedenen Schluchtzuflüssen gespeist wird. An der Stelle endet der 7-Brücken-Weg. Einen ähnlich spannenden Rückweg haben wir nicht gefunden. Deshalb kann man nun auch gerne umdrehen.

Kleiderwahl

Wer wert auf den Zustand seiner Kleidung legt, sollte auf »alte Klamotten« zurückgreifen. Die Brombeerranken hinterlassen so manches »Löchle«.

Wer eine Runde machen will, sollte so gehen: Wir überqueren den Teufelslochbach und wandern bergan. Der Pfad führt, links unterhalb ein großes Bannwaldschild passierend, zur K 1429 hinauf. Dort treffen wir auf das Wegzeichen blaues Dreieck und das Wegschild Eulenweg. Beidem folgen wir auf einer Forststraße nach links. 200 Meter weiter geht zwischen einem Wegweiserpfosten und einem Baum mit aufgemalten Wegzeichen ein unmarkierter, schöner Pfad nach links unten ab. Auf diesem Pfad nähern wir uns nun wieder dem Teufelslochbach an. Einen ersten Abzweig nach links ignorieren wir und nehmen den zweiten Abzweig, der uns ganz in den Talgrund leitet und in einen Forstweg (Unterer Teufelslochweg) mündet ❻. Der Teufelslochbach befindet sich nun links von uns, der Forstweg, auf dem wir jetzt wandern werden, aber etliche Meter vom Bachbett entfernt. Es geht zuerst durch einen lichten Laubwald, dann durch Weiden und alte Streuobstwiesen. Der Forstweg mündet bei der zweiten Brücke in die Straße Helenental. Der Rückweg zur Bushaltestelle ist bekannt.

Das Ende des 7-Brücken-Weges am Breiten Stein

Linke Seite: Hier sollte man kurz mal die Luft anhalten und sich konzentrieren.

Einkehr und Unterkunft

Campingplatz Aichelberg, Bunzenberg 1, 73101 Aichelberg, Telefon (07164) 27 00, www.camping-aichelberg.de

Hotel Albblick, Dorfstraße 79, 73087 Bad Boll-Eckwälden, Telefon (07164) 22 39, www.albblick-boll.de

Gasthof und Restaurant zur Krone, Badstraße 12, 73087 Bad Boll, Telefon (07164) 29 31, www.krone-bad-boll.de

Hotel-Restaurant Löwen Bad Boll, Hauptstraße 46, 73087 Bad Boll, Telefon (07164) 940 90, www.loewen-badboll.de

6 Wie ein Felssturz aussieht

Steile Pfade um die Ruine Wielandstein und das Tobeltal bei Lenningen

Leicht   9,5 km   712/443 Hm   3:25 h

Tourenverlauf
Bahnhof Oberlenningen –
Linke Tobelfelsen – Tobeltal –
Ruine Wielandstein – Fels-
sturz – Oberlenningen

An-/Abfahrt
Mit dem Zug von Kirchheim/
Teck nach Oberlenningen oder
direkt mit dem Pkw in die To-
belstraße oder Buchstraße

Ausgangs-/Endpunkt
Bahnhof Oberlenningen

Karten
Kirchheim unter Teck,
1:25 000, Karte des SAV.
Das letzte Stück des Pfades
Richtung Felssturz ist in natura
anders. Der Pfad führt direkt
zum Felssturz.

Information
Bürgermeisteramt Lenningen,
Marktplatz 1, 73252 Lenningen, Telefon (07026) 60 90,
www.lenningen.de

An der Alb nagt der Zahn der Zeit. Meist kaum merklich, aber manchmal eben auch brachial. Vor sechs Jahren brach rund ein Drittel des Wielandsteins ab und rauschte ins Tobeltal. Ein alter, langsam zuwachsender Pfad führt zu diesem Naturschauspiel. Auf alten Wegen erkunden wir die Felswelt des linken Tobeltales und das Tal selbst, bevor es auf die Felsen des rechten Tobeltales geht.

Die Wanderung beginnt am Bahnhof von Oberlenningen (470 m) **❶**. Die Adolf-Scheufelen-Straße wandern wir 150 Meter nach links bis zur Pizzeria. Dann zweigt nach links die Straße Hohe Steige ab. Dieser folgen wir zum Friedhof und wandern an diesem vorbei. Gleich darauf geht ein Feldweg geradeaus ab. Diesem folgen wir nun bergan in den Hangwald. Etwaige Abzweigungen ignorieren wir. Unser Waldweg wird kurz vor den Felsen zum Pfad und führt

Am Fuß des Felssturzes

uns durch einen Tobel zwischen zwei Felsen auf die Hochfläche (700 m). Der linke Fels und sein Aussichtspunkt sind gleich erreicht, während der rechte Fels, den wir danach ansteuern, erst über eine kleine Umgehung erwandert wird. Dahinter folgen wir einen Kilometer einem unmarkierten, tollen Traufpfad zu den verschiedenen Felsköpfen der Tobelfelsen. Der Pfad stößt am Ende dieser Passage auf eine Hinweistafel (Naturdenkmal Linke Tobelfelsen) ❷ und

Die linken Tobelfelsen vom Wielandstein aus gesehen

den mit der roten Raute markierten Wanderweg. Diesem folgen wir bergab. Wir bewegen uns nun quasi unterhalb der Felsen, entfernen uns aber gleichzeitig von ihnen, da es ja abwärts geht. Im Tal angelangt, wandern wir nicht weiter nach Oberlenningen, sondern nehmen den Wiesenweg (kein Wegzeichen) ❸, der uns links des Tobelbaches wieder in

Anforderungen

Einzig der langsam renaturierende Pfad zum Felssturz und der seitliche Abstieg am Rand desselben sind T3. Die restlichen Pfade sind zwischen T1 und T2 zu verorten, mit Ausnahme des kleinen Zwischenstücks im Tobeltal, wo der Erdrutsch den wilden Pfad zum offiziellen Wanderweg hinauf verschüttet hat (T3).

das Tobeltal hineinführt. Das Tal wird enger, der Weg wird zum Pfad und entfernt sich kurz vom Bach, um sich dann wieder anzunähern. Dann wird der Bach gequert. Die Hangwände rücken nun immer näher, je weiter es bergan geht. Der Verlauf des Baches verliert sich etwas. Nicht verwirren lassen, einfach dem wundervollen Pfad bergan folgen. Oberhalb von unserem unmarkierten Pfad verläuft in Rufweite der markierte Wanderweg, den wir zuvor ins Tal abwärts genommen haben. Dann

endet der Pfad aber unvermittelt, da er durch Baum- und Erdrutsch verschüttet wurde.

Es hat bei der Vorrecherche etwas gedauert, die Pfadfortführung zu finden, die anders als in der Karte verläuft. Hier die Beschreibung: Wer entlang des ersten, größeren umgefallenen Baumes bis zu dessen Ende bergauf kraxelt und sich dann links hält, trifft auf die Pfadfortführung, die in entgegengesetzter Richtung wie zuvor kurz weiter bergan führt und dann in den Wanderweg mit der roten Raute mündet. Hier halten wir uns rechts und wandern bis zur Hinweistafel weiter bergan. Der offizielle Wanderweg verläuft nun auf einem asphaltierten Feldweg weiter. Wir schauen genau hin und erkennen rechts in einem gebüschartigen Bewuchs einen Durchgang zu einem Pfad. Dieser unmarkierte Pfad führt uns nun entlang des Traufs bis kurz vor die Ruine Wielandstein. Immer wieder zweigen Stichpfade zu Felsköpfen ab. Am Ende des ersten Stichweges findet sich sogar eine Bank. Die Stichwege werden immer schmaler und verwachsener und der ein oder andere Dorn kann die Kleidung beschädigen. Man muss ja nicht in jeden hineingehen.

Hier ist der alte Pfad noch in Ordnung.

Linke Seite: Kurz darauf kommt man wegen abgerutschter Bäume nicht mehr weiter.

Übernachtungen

Die Übernachtungsoptionen sind rar. Man muss deshalb eventuell auf die nächstgrößeren Städte wie Bad Urach oder Kirchheim/Teck (Tourist-Information: Max-Eyth-Straße 15, 73230 Kirchheim unter Teck, Telefon (07021) 50 25 55) ausweichen.

Immer wieder stößt der Traufpfad aufs offene Feld, um kurz
darauf durch einen Hecken-
durchgang wieder am Trauf entlang zu verlaufen. Kurz vor der
Ruine ❹ treffen wir auf den offiziellen Wanderweg (rote Raute),
der uns steil, schmal und durch
ein Geländer gesichert zu ihr
hinunterführt (660 m). Kleinere
Felsformationen linker Hand
laden zu kurzen Kraxeleien und

Abkürzungen ein, rechter Hand liegt eine Steilwand. Immer wieder
haben wir nun Ausblicke auf die Felsformationen, die wir zuvor
besucht haben. Der Zugang (ein kleines Holzbrückle) zur Ruine
ist wegen Einsturzgefahr gesperrt. Der Burgberg und der weiter
vorne liegende kleine Wielandstein werden nun quasi zur Hälfte
umrundet. Zuerst mit der roten Raute, dann zweigt nach ungefähr
150 Metern an einer Sitzbank ein unmarkierter Pfad nach rechts
ab ❺. Dieses Pfädchen leitet uns nun zusehends unkomfortabler
(aber das wollen wir ja) zum Felssturz. Umgestürzte Bäume und
nachwachsende Vegetation lassen uns manchmal mehr kriechen
als wandern. Achtung, Zeckengefahr. Laut Karte soll dieser Pfad
einen Verlauf nach links nehmen,
dieser ist aber verschwunden. Stattdessen haben unsere Wandervorgän-
ger einen Trampelpfad direkt zum
Felssturz ❻ geschaffen. Es empfiehlt
sich übrigens, diesen an seiner Seite
herabzusteigen. Die kleineren Felsen
des Sturzes selbst liegen nämlich noch
recht instabil im Gelände, das sich
als Seitentobel des Tobeltales heraus-
stellt. Unten angekommen folgen wir
dem Wiesenweg und dem Tobelbach
nach links und erreichen kurz darauf
Oberlenningen beziehungsweise die
Buchsstraße, Ecke Eibenweg. Via Tobel-
straße, Heerweg und Hohe Steige wird
die Adolf-Scheufelen-Straße und somit
gleich darauf der Bahnhof erreicht.

Hier entlang verläuft der
offizielle Wanderweg.

Linke Seite: Die linken Tobelfelsen sind Naturschutz- und
Klettergebiet.

Einkehr und Unterkunft

Campingplatz Pfählhof, Pfählhof 1,
72574 Bad Urach, Telefon (07125) 80 98,
www.pfaehlhof.de

Rössle Il Cavallino, Adolf-Scheufelen-Straße
2, 73252 Oberlenningen, Telefon (07026)
37 01 07

Bahnhofsgaststätte, Parkstraße 4, 73252 Oberlenningen, Telefon (07026) 26 71

DAV Harpprechthaus, Im Stockert,
73252 Lenningen, Telefon (07026) 21 11,
www.alpenverein.de/DAV-Services/
Huettensuche/Harpprechthaus/7242197

7 Der schönste Felssporn der Alb

Ein toller Felsgrat, eine Felsnase und vergessene Flankenpfade bei Schlattstall

Schwer · 9 km · 785/499 Hm · 3:00 h

Tourenverlauf
Wanderparkplatz Lange Steige – Pfingsthangweg – Grat – Felsnase Pfingstberg – Bannwaldpfad – Ruine Sperberseck – Pfingstberg Flankenpfad – Wanderparkplatz Lange Steige

An-/Abfahrt
Mit dem Zug von Kirchheim/Teck nach Oberlenningen. Von dort mit dem Bus 176 unter der Woche zur Haltestelle Etterstraße nach Schlattstall, am Wochenende mit dem Anruf-Sammel-Taxi 176, Telefon (07025) 912 66 39. Oder direkt mit dem Pkw zum Wanderparkplatz Lange Steige in Schlattstall.

Ausgangs-/Endpunkt
Schlattstall, Etterstraße

Karten
Kirchheim unter Teck, 1:25 000, Karte des SAV. Der Pfad zur Felsnase auf dem Pfingstberg ist nicht eingezeichnet.

Information
Bürgermeisteramt Lenningen, Marktplatz 1, 73252 Lenningen, Telefon (07026) 60 90, www.lenningen.de

Die markanten Felsen am Pfingstberg waren früher ein Klettereldorado. Die Felsköpfe waren durch kurze, kammartige Stichpfade zu erreichen, die heute fast alle zugewachsen sind. Den schönsten Fels davon aber erreichen wir über einen in Vergessenheit geratenen Gratpfad den Berg hinauf. Auf der anderen Seite geht es an der Bergflanke entlang zur Ruine Sperberseck, danach über offenes Feld zum Pfingstberg zurück, um ihn auf einem alten Wanderweg im Steilhang von hinten zu erkunden.

Von der Etterstraße (500 m) ❶ zweigt die Albstraße beim Gasthof Hirsch ab und führt uns zum Wanderparkplatz Lange Steige. Dort geht es einfach direkt geradeaus weiter, bis 500 Meter später nach links der Pfingsthangweg abzweigt. Diesem folgen wir nun etwa

Diese Felswand liegt kurz vor der Mondmilchhöhle.

700 Meter und treffen dann auf ein Aussichtsbänkchen. Genau hier ❷ machen wir eine 90-Grad-Drehung nach rechts und steigen über eine Wiese am Waldrand ohne Weg und Wegzeichen direttissima in den Hangwald hinauf. Ein noch stehender abgebrochener Baum mit toten Baumpilzen am Stamm könnte nach 30 Metern ein Weghinweis sein – falls er nicht in der Zwischenzeit gefällt wurde. Das fachkundige Auge sieht, dass hier schon vorher Wanderer unterwegs waren, denn ein kaum bemerkbarer Trampelpfad führt durch den steilen Wald bergan. Wie gesagt, direttissima, dann schält sich linker Hand nach und nach ein kleiner Felsgrat aus der Landschaft, rechter Hand eine kleine Mulde. Alles liegt nahe beieinander und in Sichtweite, wir müssen uns aber nach links orientieren.

Der Felsgrat beziehungsweise die Felsformation flacht ab und auf ihrer Kuppe befinden sich nun

Dieser abgebrochene Baum kann, sofern er noch steht, als Weghinweis dienen.

Anforderungen

Der erste, pfadlose Anstieg durch den Wald T3, der Grat auf den Pfingstberg hinauf T2, die Begehung des Felskammes T3, der Flankenpfad zur Ruine Sperberseck zwischen T2 und T3, der Flankenweg zurück nach Schlattstall T2.

Gratartig geht es zu dem Sporn hin.

zwei alte Grenzsteine, die den eigentlichen Beginn unseres Pfades markieren. Ab hier ist die Orientierung nicht mehr schwierig. Ein Trampelpfad führt rechter Hand zur zweiten Stufe des Grates hinauf. Jetzt geht es durch einen tollen, lichten Laubwald auf diesem wunderbaren Gratpfad bergan. Links geht es zunehmend steil hinunter, rechts moderat. Unser Pfad endet auf dem Plateau des Pfingstberges (710 m) ❸ an einem Funkmasten nebst Trafohäuschen und Forststraße. Hier schlagen wir uns nach rechts in den Wald und stoßen nach zehn Metern auf einen Trampelpfad. Wiederum wenig später zweigt von dort nach rechts ein Pfad ab, der uns zu einem der schönsten Felsgrate der Alb hinausführt. Hier verbringen wir erst einmal eine halbe Stunde – zum Fotografieren, Pausieren und einfach, weil es so schön ist. Danach geht es zum Trafohäuschen zurück. Nun folgen wir dem Forstweg 500 Meter bis zum Gemarkungsschild »Obere Elbe«, das linker Hand an einem Baum befestigt ist. Wir biegen nach links ab und wandern dem langsam zuwachsenden Forstweg hinterher,

der eine Rechtskurve beschreibt. Der Weg wird von umgestürzten Bäumen blockiert (Bannwald). Dahinter wird er immer schmaler und zum Pfad, der nun in der Bergflanke verläuft. Dieser Abschnitt ist herausfordernd, da der Pfad sehr schmal, manchmal ausgesetzt und sehr, sehr rutschig ist. Nach 200 Metern trifft er rechter Hand auf eine kleine Felsformation und verläuft sich. Hier heißt es fünf Höhenmeter hinunterrutschen bis zu einem Pfad, dem wir nach rechts, weiter der Bergflanke entlang, folgen.

Links: Der alte, offen gelassene Wanderweg zum Schluss der Tour.

Rechts: Hier geht's ab ins Gebüsch.

Es geht nun unmerklich bergab und 500 Meter weiter treffen wir, nachdem wir ein großes Feld voll Seifenkraut durchquert haben, auf den offiziellen Wanderweg, der vom Donntal zur Ruine Sperberseck hinaufführt (640 m) ❹. Von diesem zweigt 100 Meter weiter nach links der unmarkierte Zugangsweg zur Mondmilchhöhle ab. Wir passieren wenig später eine Felswand. Dahinter geht es steil zur Höhle und weiter zur Ruine Sperberseck hinauf. Dem gelben Dreieck wandern wir danach kurz über offenes Feld und dann durch den Wald hinterher. Wir stoßen aus dem Wald und gehen

Übernachtungen

Es gibt hier nicht viele Übernachtungsmöglichkeiten. Es findet sich aber sicher etwas in den nächstgelegenen Städten wie Bad Urach oder Kirchheim/Teck (Tourist Information: Max-Eyth-Straße 15, 73230 Kirchheim unter Teck, Telefon (07021) 50 25 55).

auf einem Wiesenweg nach rechts am Waldrand unmarkiert weiter (Gemarkung Werfertäle). Der Weg macht eine scharfe Biegung nach links. Hier laufen wir nun kurz weglos und auf Sicht zum gegenüberliegenden Feldweg und folgen diesem nach rechts zum Waldrand. Dort treffen wir auf vier Schilder (beschriftet mit: 9, Doppelpfeil, Lange Steige und Ruine Sperberseck). Genau hier ❺ geht es jetzt durchs lichte Unterholz in den Wald hinein. Rechter Hand erkennt man nach wenigen Metern zwei alte Forstwege, die sich langsam renaturieren. Wir folgen dem Verlauf des oberen Weges, der nach 200 Metern eine lange Rechtskurve beschreibt. Ein alter Jägersitz wird passiert. Unmittelbar dahinter beginnt ein Nadelgehölz. Direkt zu Beginn geht fast nicht sichtbar nach links unten ein Pfad ab.

Gerade für die ersten fünfzig Meter sind nun Lederstrumpfqualitäten gefragt, da der Pfadverlauf schwer zu erkennen ist. Es geht wenige Meter nach rechts, leicht bergab, dann weiter rechts halten und unser Pfad verläuft aus dem Nadelgehölz hinaus in den obligatorischen Laubwald hinein. Jetzt beginnt ein Traumabschnitt unserer Tour. Der Pfad verläuft komplett einsam im Bergwald beziehungsweise in der Bergflanke, mal steinig, weil wir Mikrohalden passieren, meistens jedoch auf Laub. Zu Beginn geht es nur sachte bergab, gegen Ende folgen steilere Passagen. Sprichwörtlich nicht links liegen lassen sollte man den kurzen Stichweg zu einem Aussichtspunkt, von wo aus man einen Blick auf die Felsen des gegenüberliegenden Edelmannsberg werfen kann. Zudem heißt es wenig später: aufgepasst! Gegen Ende macht der Pfad eine scharfe Linkskurve ins Tal hinunter. Hier könnte man auch geradeaus weiter. Das war früher der Zugangsweg unter die Kletterfelsen, der aber mittlerweile nach wenigen Metern zugewuchert und unpassierbar ist. Unser Pfad leitet uns zur Langen Steige ❻ hinunter, welcher wir zurück nach Schlattstall folgen.

Dieser alte Wegstein markiert den Aufstieg zum Pfingstberg.

Linke Seite: Am Anfang der Tour: Links geht's steil hinunter, rechts kommt der Wald.

Einkehr und Unterkunft

Campingplatz Pfählhof, Pfählhof 1, 72574 Bad Urach, Telefon (07125) 80 98, www.pfaehlhof.de

Gasthof Hirsch, Albstraße 1, 73252 Schlattstall, Telefon (07026) 72 16, www.hirsch-schlattstall.de

DAV Harpprechthaus, Im Stockert, 73252 Lenningen, Telefon (07026) 21 11, www.alpenverein.de/DAV-Services/Huettensuche/Harpprechthaus/7242197

8 Die andere Seite des Berges: Blick von der Sprungschanze

Vergessene Steilpfade zwischen Hermann-Greiner-Schanze und dem Hochberg in Bad Urach

| Mittel | 11,4 km | 722/460 Hm | 4:00 h |

Tourenverlauf
Bahnhof Bad Urach – Zittelstatt – Hermann-Greiner-Schanze – Tobelpfad – Hochberg – Steilanstieg Hochberg – Hartbergpfad – Hochbergfelsen – Bahnhof Bad Urach

An-/Abfahrt
Mit dem Zug nach Bad Urach oder mit dem Pkw zum Bahnhof Bad Urach, Parkplätze vorhanden.

Ausgangs-/Endpunkt
Bahnhof Bad Urach

Karten
Bad Urach/Großes Lautertal/Zwiefalten, 1:25 000, Karte des SAV, W243 oder Reutlingen/Bad Urach, 1:35 000, Karte des SAV, Blatt 19. Nicht eingezeichnet sind der Weg auf die Schanze und der Tobelpfad ab Wegweiser »Zittelstatt« auf den Hochberg.

Information
Kurverwaltung Bad Urach, Bei den Thermen 4, 72574 Bad Urach, Telefon (07125) 943 20, info@badurach.de, www.badurach-tourismus.de und www.bad-urach.de

Seit die Pfade zum Uracher Wasserfall 2016 als schönster Wanderweg Deutschlands prämiert wurden, ist Bad Urach zum Wandermekka geworden. Zu Recht, denn wie unter einem Brennglas vereinigt die Landschaft dort alles, was die Alb ausmacht: bizarre Felsformationen, Bergpfade, Höhlen, Traumaussichten, Wasserfälle. Etwas abseits des Wanderstroms befinden sich die Pfade um den und auf dem Hochberg, die zum Schönsten zählen, was man hier landschaftlich und wandertechnisch finden kann.

Der Minigrat kurz vor dem Michelskäppele

Der Bahnhof Bad Urach ist Start- und Endpunkt unserer Tour ❶.
Eine Unterführung bringt uns unter den Gleisen hindurch auf die
andere Seite des Bahnhofs. Hier befinden wir uns in der Straße
Beim Tiergarten. Wir wandern nach rechts und folgen dem Verlauf
der Straße nach links, wechseln die Straßenseite und queren die
Erms. An der gleich darauf folgenden Straßenkreuzung geradeaus
weiter. Kurz darauf beginnt rechter Hand die Straße Am Hochberg. Ein unmarkierter, breiter, geschotterter Weg führt steil in
den Sanatoriumsweg bergan. Hier halten wir uns kurz rechts und
erblicken links das alte Kaiserdenkmal mit Bänkchen. Wir gehen
zu ihm hinauf und wandern nach links. Ein unmarkierter Pfad
führt uns nun oberhalb der Häuser des Sanatoriumsweges um sie
herum. Dahinter treffen wir auch auf den offiziellen Wanderweg,
den sogenannten Grafensteig,
der uns über das Waldstadion,
mit seinen in den Hang gebauten
Zuschauerrängen, ins Zittelstatt-
tal hinunterführt.

Hier geht's nun für etwa einen
Kilometer dem gelben Dreieck
bis zum Fuß des Schanzenber-
ges ❷ nach. Rechter Hand, hinter der Infotafel, beginnt der

Auf allen vieren den Tobel
hinauf

Anforderungen

Der direkte Anstieg auf die Schanze T4, die weglosen
Anstiege durch die Tobel auf die Hochebene des
Hochberges T4, die Direttissima zum Michelsköppele
T3, der halbe Steilanstieg auf den Hochberg T2, der alte
Bergflankenweg am Hochberg T2, die andere Hälfte des
Steilanstieges (diesmal abwärts) nach Bad Urach T2.

Blick vom Kunstmühlefels
ins Ermstal

erste Teil des steilen Aufstiegspfades, den die Skispringer früher nehmen mussten. Er endet an einem Hochsitz und einem Forstweg, dort befindet sich auch der Schanzentisch. Wer sich traut, kann nun den vermutlich steilsten Pfad dieses Buches erkunden. Mit 45 Grad Steigung geht es die Schanze hinauf, mehr auf allen vieren denn auf zwei Beinen. Sobald man rechter Hand den Beginn des nachwachsenden Waldes erreicht hat, geht nach rechts ein kaum mehr wahrnehmbarer, zehn Meter langer Trampelpfad ab. Dieser führt, nachdem man sich geduckt durch Äste gekämpft hat, mit einer scharfen Linkswendung zu den drei Absprungebenen der Schanze. Wer da runterschaut, dem wird erst mal bewusst, wie wagemutig Skispringer sind. Es ist übrigens äußerst unratsam, sich auf die rostigen Sitzschalen zu setzen. Vom Schanzenberg wieder hinunterzukommen, ist dann noch etwas schwerer als hinauf.

Unten angelangt geht es auf dem Forstweg nach links. Nach 200 Metern kommt von rechts unten ein Wanderweg und wir treffen hier auf den Wegweiser »Zittelstatt« (500 m) ❸. Der Holzvollernter hat hier vor zwei Jahren gewütet und in den steilen Taleinschnitt einen erkennbaren Weg hineingewalzt. Dieser wächst langsam zu, wir nehmen ihn ohne Wegzeichen knappe 100 Meter steil bergan (besonders knifflig die letzten Meter eine steile Böschung hinauf), queren den Forstweg und kraxeln die Tobelfortsetzung vollends zur Hochbergebene hinauf. Oben angekommen folgen wir dem Pfad, der entlang des Traufes verläuft, nach rechts. Wenig später macht der Pfad eine scharfe Linkskurve und trifft kurz darauf auf eine kleine Pfadkreuzung (hier kommen wir später noch mal vorbei). Hier nach rechts und dem Grafensteig nach. Gleich darauf gabelt sich dieser Pfad ❹. Man kann das Michelskäppele nun erreichen, indem man die Hochbergkuppe links oder rechts umwandert. Wir erzwingen eine T3-Variante, wählen eine dritte Option und folgen den Spuren direkt über den kleinen Felskamm. Quasi eine Direttissima zum Aussichtspavillon des Käppele hinunter.

Der schönste Abschnitt der Wanderung liegt unterhalb der Hochbergfelsen.

Dort angekommen geht's steil nach rechts hinunter. Wir stoßen auf einen Forstweg und folgen diesem nach links hinunter. Rechts unten übrigens wieder der Sanatoriumsweg.

200 Meter weiter heißt es: aufgepasst! Nach links geht der Grafensteig zum Käppele hinauf. Nach wenigen Metern auf dem Pfad zweigt fast unmerklich nach rechts der langsam renaturierende Steilanstieg ❺ zum Hochberg hinauf ab. Früher hing hier ein dementsprechender Wegweiser des Verschönerungsvereins, der aber aus unbekannten Gründen demontiert wurde. Und es geht steil

Alpine Pfade, Bd. 1

Diese Tour ist gut kombinierbar mit Tour 4 aus dem ersten Band (Wolfsschlucht und Wittlinger Felsen).

hinauf. Zweimal kommen von links kleine Zugangspfade vom offiziellen Wanderweg. Beim zweiten Mal, ungefähr nach der Hälfte des Anstieges, führt dieser Zugangsfad nach rechts in den Berghang weiter ❻. Diesem Pfad, der unter den Hochbergfelsen verläuft, folgen wir nun und erleben wunderbare alpine Momente. Eng an den Hang geschmiegt, wandern wir auf

dem schmalen Trampelpfad dem Bergprofil hinterher. Der lichte Kiefernwald duftet herrlich und die Aussichten nach rechts ins Ermstal hinab und auf den gegenüberliegenden Trauf sind toll.

Der Beginn des Steilanstiegs zum Hochberg hinauf

Linke Seite: Die alte Hermann-Greiner-Schanze

Wir umrunden den Kunstmühlefels, stoßen dahinter auf eine Pfadkreuzung, gehen einfach geradeaus weiter und entdecken die unbekannte Felswelt des Hartberges. Die Pfadbeschaffenheit wechselt zwischen weich und steinig. Nach 1,5 Kilometern auf diesem Abschnitt verläuft der Pfad an einer Gabelung nach oben, macht kurz darauf eine scharfe Kehrtwende und mündet wenig später auf der Hochebene in den offiziellen Wanderweg. Wir halten uns links und wandern nun auf dem normalen Wanderweg zurück gen Urach. Dabei passieren wir ab dem Kunstmühlefelsen ❼ eine Premiumaussicht nach der anderen. Nach drei Kilometern treffen wir wieder auf die Pfadkreuzung von vorhin. Hier müssen wir uns nun wenige Meter nach links durchs Unterholz in den Taleinschnitt schlagen, um auf das Ende des Steilanstieges zu stoßen, den wir vorher zur Hälfte hinaufgekommen sind. Jetzt geht es bis zu dem Zugangsweg hinunter, den wir zuvor in den Hang des Hochberges genommen haben. Wir folgen dem Zugangsweg nach rechts und stoßen auf den offiziellen Wanderweg, der uns in den Sanatoriumsweg hinab führt. Von dort nehmen wir den vom Beginn der Tour bekannten Weg zum Bahnhof zurück.

Einkehr und Unterkunft

Campingplatz Pfählhof, Pfählhof 1, 72574 Bad Urach, Telefon (07125) 80 98, www.pfaehlhof.de

JH Bad Urach, Seltbachstraße 9, 72574 Bad Urach, Telefon (07125) 80 25, www.jugendherberge-bad-urach.de

Einkehrhaus Stift Urach, Bismarckstraße 12, 72574 Bad Urach, Telefon (07125) 949 90, www.stifturach.de

9 Unterwegs auf den Wegen der Altvorderen

Die Hossinger Leiter, der Gräbelesberg und einer der längsten Anstiege der Alb

Leicht	18,8 km	940/566 Hm	5:50 h

Tourenverlauf
Bahnhof Lautlingen – Hossinger Leiter – Gräbelesberg – Tieringer Hörnle (Lochenhörnle) – Felsenmeer – Bahnhof Frommern

An-/Abfahrt
Mit der Bahn via Balingen oder Albstadt nach Lautlingen. Abfahrt ab Frommern oder Lautlingen. Eine Anfahrt mit dem Pkw ist streckentechnisch auch gut möglich.

Ausgangspunkt
Bahnhof Lautlingen

Endpunkt
Bahnhof Frommern

Karten
Albstadt/Balingen, 1:35 000, Karte des SAV, Blatt 24, WAB

Information
Albstadt Tourismus, Marktstraße 35, 72458 Albstadt, Telefon (07431) 160 12 04, www.albstadt-tourismus.de

Die Alb ist rau und steil. Noch vor wenigen Generationen mussten die Älbler über gefährliche Pfade ins Tal absteigen, um in Lohn und Brot zu kommen. Ein Beispiel ist die »Hossinger Leiter«, die über Stege und Leitern durch einen Tobel ins Tal führt. Der Gräbelesberg ist eine weit ins Tal hineinragende und nach allen Seiten steil abfallende Felsbastion. Von hier geht es zum Hörnle, der nächsten spektakulären Aussicht. Der abschließende Abstieg hat es dann in sich.

Am Bahnhof Albstadt-Lautlingen (679 m) ❶ überqueren wir das Gleis auf einer Fußgängerbrücke und orientieren uns dann nach rechts. Wir befinden uns nun im Hossinger Weg, der asphaltiert aus dem Ort hinausführt; unser Wanderzeichen ist die rote Raute. Nach knapp einem Kilometer überqueren wir einen kleinen

Einer der vielen Aussichtspunkte auf dem Gräbelesberg

Das Felsenmeer

Bach. Es geht leicht, aber stetig bergan und der Weg führt kurz durch ein Waldstück und dann am Waldrand entlang, an einem Parkplatz mit Grillstelle vorbei. Am Ende des Lauterbachtals geht es in den Hangwald hinein. Wir laufen nun noch 500 Meter auf einem breiten Waldweg, dann geht nach links der Zugangspfad zur Hossinger Leiter ❷ ab – eine schöne Wegpassage mit Stegen und Treppen, die an steilen Felsen vorbeiführt und uns zur Hochfläche hinaufbringt. Früher waren hier tatsächlich Leitern statt Treppen angebracht, damit die Leute von der Rauen Alb zur Arbeit nach Albstadt absteigen konnten.

Anforderungen

Die Wanderung ist technisch nicht schwierig. Einzig der Abstieg vom Hörnle hinunter und einzelne Passagen am Gräbelesberg sind T2.

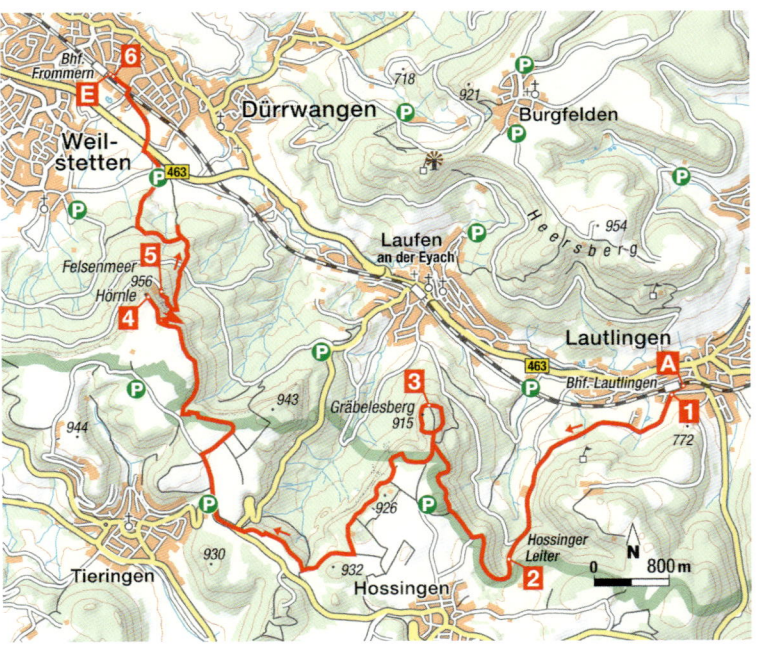

Der Abstieg nach Frommern
hinunter hat es in sich.

Während des Aufstiegs kommen wir zu einer Grillhütte, hier folgen wir dem Wegweiser zum Gräbelesberg beziehungsweise der roten Raute und nehmen die Stufen nach rechts hinauf. Oben angekommen führt der Weg kurze Zeit am Waldrand entlang, bevor es nach links erneut in den Wald geht. Die Route ist nun hervorragend ausgeschildert (rote Raute, Traufgängerzeichen, blau-grüner Kreis des Donau-Zollernalb-Wegs). Auf den nun folgenden 2,5 Kilometern reiht sich ein wundervoller Aussichtspunkt an den anderen, es geht durch lichte, duftende Kiefernwälder. Den eigentlichen Gräbelesberg (955 m) ❸ umrunden wir auf einem einen Kilometer langen Rundweg (und kürzen nicht auf dem Stichpfad ab, der über die Kuppe hinübergeht). Unser Wegzeichen ist weiterhin die rote Raute.

Nach der Umrundung geht es circa 200 Meter geradeaus, dann müssen wir nach rechts. Ein Pfad führt uns durch den Traufwald am Albrand entlang. Nach gut zwei Kilometern kommen wir aus dem Wald heraus und können die K 7143 erkennen. Kurz vor der Straße geht es nach rechts, weiter am Trauf entlang. Links von uns ist eine Wiese, dahinter die Straße. Nach einem Kilometer treffen wir dann auf die K 7145, die von Laufen heraufkommt. Nun müssen wir 300 Meter an ihrem Rand (K 7143) entlanglaufen und treffen dann auf einen Parkplatz. Die Straße selbst führt nach Tieringen hinunter, wir wechseln geradeaus auf einen asphaltierten Feldweg. Dieser führt uns ungefähr 600 Meter leicht bergan, kurz vor ein Waldstück. Hier biegen wir unmarkiert nach rechts in einen Feldweg ab. Nach 300 Metern treffen wir an einem Holzpfosten auf das Hochalbpfade-Wegzeichen. Diesem folgen wir nun wieder zum Albtrauf vor. Endlich wird der Weg wieder zum Pfad (Bannwald Untereck). Wir folgen dem Hochalbpfade-Wegzeichen nach links (wenig später gesellen sich noch die rote Raute und der blau-grüne

Der Beginn der Hossinger Leiter

83

Kreis des Donau-Zollernalb-Wegs dazu). Ein Hinweis: Früher kam hier der HW 1(rotes Dreieck) von Laufen herauf. Der Wegverlauf wurde geändert. Der HW 1 kommt jetzt von Frommern herauf.

Blick zurück

Linke Seite: Am Ende der Hossinger Leiter

Es geht nun wunderbar am Trauf entlang. Mal durch den Hangwald, mal über offenes Gelände, das linker Hand von den wundervollen Wiesen des Naturschutzgebietes Hülenbuch flankiert wird. Im Rückblick der Winkelgrat (der wegen Bergsturz gesperrt ist) und der Gräbelesberg. Kurz vor dem Tieringer Hörnle treffen wir auf den Wegweiser »Hakenfels« (925 m). Hier können wir uns entscheiden, ob wir noch 400 Meter vor zum Hörnle ❹ (wunderbare Aussichten) laufen (und danach wieder hierher zurückkehren) oder sofort ins Tal absteigen. Der Abstieg (HW 1, rotes Dreieck) ist sehr steil, und die schmalen Hangpfade sind anspruchsvoll zu gehen. Nach 800 Metern haben wir bereits über 100 Höhenmeter bewältigt und treffen auf den Abzweig zum Felsenmeer ❺. Ein kurzer Abstecher lohnt auf jeden Fall. Zurück auf dem HW 1 gehen wir die restlichen 200 Höhenmeter Abstieg und drei Kilometer Strecke nach Frommern (564 m) an. Der Bahnhof ❻ liegt fast direkt am Wanderweg in der Buhrenstraße.

Einkehr und Unterkunft

Sonnencamping Albstadt, Beibruck 54, 72458 Albstadt-Lautlingen, Telefon (07431) 937 03 48, www.sonnencamping.de

Ferienwohnung Mayer, Blaikenstaße 12, 72459 Albstadt-Lautlingen, Telefon (07431) 971 11 14, www.mayer-ferienwohnung.com

SAV Haus der Volkskunst, Ebinger Straße 52–56, 72336 Balingen-Frommern, Telefon (07433) 43 53, www.hausdervolkskunst.de, Einzelwanderer/Kleingruppe möglich, wenn Haus belegt ist und Restkapazitäten frei sind

10 Zum schönsten Felsen Baden-Württembergs

Auf unbekannten Pfaden zu Premiumblicken im vorderen Donautal – Stiegelesfels

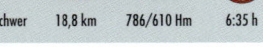

● Schwer	18,8 km	786/610 Hm	6:35 h

Tourenverlauf
Knopfmacherfelsen – Sperberloch – Stiegelesfels – Laibfels – Ziegelhöhle – Bubensteig – Teufelküchesteig – Schloss Bronnen – Jägerhaus – Knopfmacherfelsen

An-/Abfahrt
Mit dem Zug nach Fridingen oder Beuron, von dort mit dem Bus 315 zum Knopfmacherfelsen. Oder direkt mit dem Pkw zum Wanderparkplatz Knopfmacherfelsen.

Ausgangs-/Endpunkt
Wanderparkplatz Knopfmacherfelsen

Karten
Tuttlingen, 1:35 000, Karte des SAV, Blatt 29. Die alpinen Pfade um die Ziegelhöhle und unsere Abkürzung dahinter sind nicht eingezeichnet. Ebenso fehlt der Aufstiegspfad von der Teufelsküche aus.

Information
Stadt Fridingen an der Donau, Am Kirchplatz 2, 78567 Fridingen, Telefon (07463) 83 70, info@fridingen.de, www.fridingen.de und für Unterkünfte www.donau-heuberg.de

Die Kombination aus steilen Felsen, Burgruinen, buntem Bergwald und dem blauen Band des Flusses gibt es so nur im »Schwäbischen Grand Canyon«. Im schönsten, weil autofreien Teil liegt unser Wanderrevier mit dem Stiegelesfelsen, dem schönsten Felsen im Lande. Gegenüber liegt der Bubensteig, der direkt unter die Felsen der Ziegelhöhle führt. Dahinter folgt mit der Teufelsküche, einem Felskessel, und dem dortigen Anstieg schon das nächste Highlight.

Ausgangspunkt der Route ist der Parkplatz/Bushaltestelle Knopfmacherfelsen ❶. Wir unternehmen schnell einen Abstecher zum wenige Meter enfernten, namensgebenden, atemberaubenden Felskopf (765 m) mit spektakulären Aussichten. Wir folgen dann den Wegzeichen gelochter, gelber Kreis und den stilisierten Donauwellen des gleichnamigen Weges auf einem Forstweg nach rechts bergab. Wenige hundert Meter später, bei der ersten größeren Weggabelung, geht am Schild »Ramspel« (Markierungen: rote Gabel, gelber Kreis, Donauwellen, gelbe Jakobsmuschel) nach links ein wilder Pfad ab, der uns fast bis ins Donautal hinunterbringt. Die letzten Meter werden wieder auf einem Forstweg zurückgelegt. Wir erreichen das Zeltplatzgelände des Stadtjugendrings Stuttgart, queren es oberhalb, am Waldrand und treffen auf den Wegweiser »Jägerhaus West« (621 m). Hier geht's nun der roten Gabel hinterher und wir erreichen auf einem tollen Aufstiegspfad die Sperberloch-Höhle ❷ und dahinter einen weiteren Aussichtsfelsen.

Auf einem Forstweg geht es dann durch den Wald zum Ottentäle (769 m). Wir befinden uns nun auf der Hochebene und wandern am Waldrand entlang, während rechter Hand eine wundervolle Wildwiesenlandschaft liegt. Dann erreichen wir den schönsten Fels des Landes, den Stiegelesfels (778 m) ❸. Der Fels hat alles, was man sich wünscht. Einen schroffen, nicht begehbaren Grat, eine Geröll-

halde, Gämsen, eine gewisse Größe und einen tollen Fluss unter sich. Der Fels beziehungsweise die Felsformation ist langgestreckt. Die schönsten Aus- und Draufblicke hat man vom linken und rechten Rand des Massivs. Also zu Beginn nicht den Stichweg zum linken Rand verpassen. Den Premiumblick auf den Stiegelesfels hat man aber von rechts. Um zu diesem Blick zu kommen, muss man dem Trampelpfad folgen, der direkt hinter zwei Aussichtsbänken beginnt und parallel zum offiziellen Wanderweg verläuft. Die zwei Bänke liegen hinter dem ersten Felsabschnitt.

Dieser Felskamm führt vom Laibfels ins Tal hinunter.

Anforderungen

Der Anstieg vom Jägersteig-West zum Sperberloch T2, der unmarkierte Pfad zum Burgstall T2, der Abstieg über den Felskamm beim Laibfelsen T3, der Bubensteig T4, der Anstieg ab der Teufelsküche T2 und der Abstieg von Schloss Bronnen ins Donautal T2.

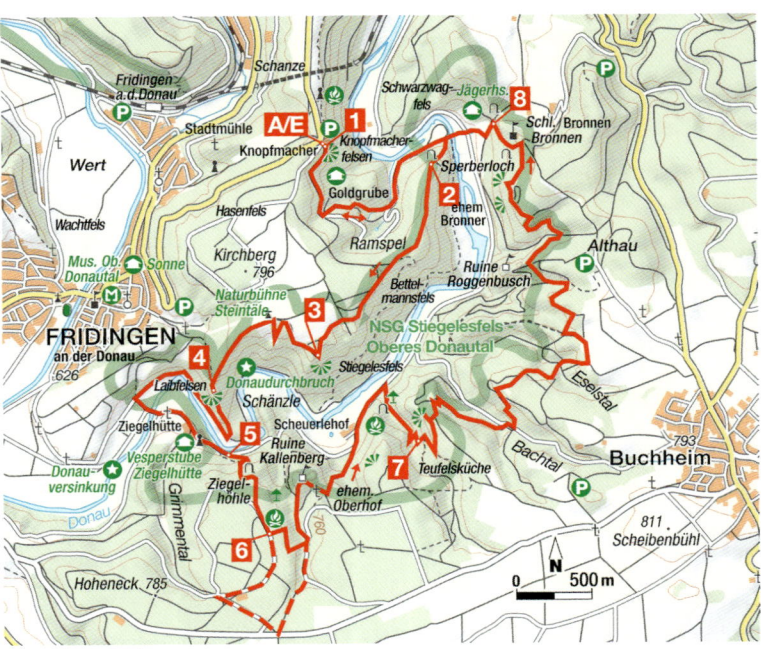

Der Stiegelesfels und sein
Geröllfeld

Wer den Einstieg zu diesem Trampelpfad nicht findet oder sich nicht sicher ist, wird hundertprozentig fündig, wenn er dem offiziellen Wanderweg (rote Gabel) zur nahe gelegenen Mattheiser Kapelle folgt. Hier geht nach links ein unmarkierter Trampelpfad nach unten ab und führt uns zum Burgstall einer Ruine (von links stößt der Trampelpfad vom Felsmassiv hinzu). Hinter dem Burgstall, links, liegt einer der schönsten Fotospots auf den Stiegelesfels. Zurück an der Kapelle geht's zum Laibfelsen ❹. Hier geht kurz vor dem Felskopf linker Hand ein unmarkierter, aber gut erkennbarer Trampelpfad ab, der uns auf einem tollen, breiten Felsgrat direkt zur Donau hinunterbringt (rechts halten). Hier wandern wir auf dem Wirtschaftsweg zur Donaubrücke an der Ziegelhütte (619 m), queren den Fluss und wandern zur Ziegelhütte. Wer möchte, kann sich hier kurz stärken. Dahinter geht es kurz auf dem kombinierten Rad- und Wanderweg weiter, bevor am Waldrand eine Schranke passiert wird. Direkt hier gehen nun der mit dem blau-grünen Kreis markierte Donauberglandweg und der Donauwellenwanderweg nach oben ab, um den Radweg zu umgehen ❺. Nach wenigen Metern zweigen die Wege nach rechts ab, während unser Insider-Pfad weiter direkt den Berg hinaufführt. Der Pfad stößt kurz darauf auf eine T-Kreuzung. Nach rechts wächst der Pfad eher zu, deshalb fünf Meter nach links, bevor es nach rechts noch steiler bergan geht.

Der steile und schwere Bubensteig führt zur Ziegelhöhle und auf die Hochfläche hinauf.

Nun folgt einer der tollsten Pfade des Oberen Donautales. Es taucht kein Wegzeichen auf, der Pfad wird steiler und schmaler, führt unter einen Felsen an diesem entlang, um dann schmal durch einen kleinen Taleinschnitt zu führen. Dahinter verzweigt sich der Pfad. Gehen wir geradeaus, führt der alpine Pfad als Sackgasse zu der beeindruckenden Ziegelhöhle. Steil bergan, nach rechts führt ebenfalls eine tolle Sackgasse, die wieder unter die Felsen und eine Höhle führt.

Badespaß

Ein Bad in der Donau nicht vergessen, am Jägerhaus bietet sich das an!

Scharf nach rechts verläuft der Bubensteig und bringt uns alpin durch den Hangwald zur Hochfläche hinauf. Wir haben alle zwei Sackgassenvarianten ausprobiert, da sie wirklich spektakulär sind. Der Ausstieg des Pfades via Bubensteig ist gänzlich unscheinbar. Rechts sehen wir einen zuwachsenden Forstweg, deshalb nehmen wir nach links die offenere Wegvariante, die kurz darauf am Gemarkungsschild »Vorderer Bubensteig« vorbeiführt. Diesem Forstweg folgen wir nun, der 200 Meter weiter auf einen breiteren Forstweg trifft. Hier nach links. Um nun einen kilometerlangen Forstwegabschnitt (der 1,5 Kilometer weiter an der K 5940 auf das Wegzeichen rote Gabel stößt) zur Ruine Kallenberg zumindest abzukürzen ❻, folgen wir nach 500 Metern einem zuwachsenden, ehemaligen Forstweg 150 Meter nach links (die längere, markierte Wegvariante ist auf der Karte gestrichelt eingezeichnet). Dann 150 Meter scharf nach rechts und danach wiederum 150 Meter scharf nach links. Unsere »Abkürzung« stößt aus dem Wald auf eine Forststraße. Wir wandern nach links und treffen sogleich auf eine Wegkreuzung. Hier nicht geradeaus wandern, sondern nach

Blick von der Ruine Kallenberg auf den Stiegelesfels und – mit viel Glück – auf seine Gämsen

links, leicht bergab, Richtung Wolfental. 200 Meter weiter geht nach rechts ein schöner Pfad ab, der uns zur Ruine Kallenberg bringt. Die Ruine liegt 100 Meter vom Wegweiser »Kallenberger Hof« (740 m) entfernt, erlaubt wundervolle Blicke auf das gegenüber- und vor uns liegende Donautal und bietet sich als Mittagsrastplatz förmlich an.

Am Kallenberger Hof machen wir uns zusammen mit dem roten Y an den Abstieg ins Tal hinunter, Richtung Teufelsküche. Unser Abstiegspfad wird kurz vor dem Tal breiter und mündet in den geschotterten Donautal-Fahrradweg (Vorsicht vor den schnellen E-Bikern). Hier halten wir uns rechts und wandern circa 600 Meter weit, bis wir rechter Hand eine Grillhütte erreichen. Hinter der Hütte geht ein Waldweg nach rechts in ein Tal hinein ab. Der Weg verjüngt sich zum Pfad und wir erkennen auf der

anderen Seite eines ausgetrockneten Bachbetts einen weiteren Pfad, der parallel zu unserem verläuft. Beide treffen und vereinigen sich am Talende. Nach links geht wenige Meter später der Aufstiegspfad ab, dem wir gleich unmarkiert in Serpentinen bergan folgen werden. Zuerst nehmen wir aber den Stichpfad geradeaus, der uns zu einem verwunschenen und beeindruckenden Felskessel führt, der Teufelsküche ❼. Über den Aufstiegspfad erreichen wir die Hochfläche und den Hauptwanderweg 2 (Donauberglandweg und Donauwellenwanderweg). Wir halten uns links und verpassen nicht den kurzen Stichpfad nach links, der uns kurz darauf zu einer schönen Felsformation führt.

Am Jägerhaus wird die Donau überquert.

Zurück auf dem HW 2 steigen wir wenig später auf einem schmalen Pfad, der sich in Serpentinen am Hang entlangzieht, bergab. Wir erreichen das Bachtal, queren die dortige Schotterstraße und steigen nun wieder auf einem Pfad bergan. Oben angekommen folgen wir den bekannten Wegzeichen (HW 2 oder Donauberglandweg) zum Schloss Bronnen, das bewohnt ist und nicht besichtigt werden kann. Kurz vor dem Schloss steigen wir nach links via Jägerhaushöhle (671 m) zum Jägerhaus ❽ hinunter und queren die Donau auf großen Steinblöcken, um auf den bekannten Wegweiser »Jägerhaus West« zu treffen. Ab hier geht's auf bekannten Wegen zum Ausgangspunkt der Wanderung zurück.

Einkehr und Unterkunft

Camping Wagenburg, Kirchstraße 24, 88631 Beuron/Hausen im Tal, Telefon (07579) 559, www.camping-wagenburg.de

Vesperstube Ziegelhütte, Ziegelhütte 1, 78567 Fridingen an der Donau, Telefon (07463) 89 96, www.ziegelhuette-fridingen.de

Gasthof Jägerhaus, Jägerhaus, 78567 Fridingen, Telefon (07466) 254, www.jaegerhaus.de, Ruhetag Dienstag

Berghaus Knopfmacher, Knopfmacherfelsen 1, 78567 Fridingen, Telefon (07463) 10 57, www.berghaus-knopfmacher.de, Öffnungszeiten variieren nach Witterung, generell März bis Oktober

11 Die Entdeckung der großen Unbekannten

Begehung von Langmartskopf, Lerchenstein und Schweizerkopf – Felsenwelt um Lautenbach

Mittel | **21,8 km** | **947/299 Hm** | **7:00 h**

Tourenverlauf
Lautenbach – Rockert – Dachsstein – Lochfelsen – Lautenfelsen – Lautenbach – Teufelsmühle – Langmartskopf – Lerchenstein – Schweizerkopf – Dobel

An-/Abfahrt
Mit der S-Bahn bis Gernsbach, dann mit dem Bus 247 oder Taxi nach Lautenbach (Festplatz). Abfahrt ab Dobel mit dem Bus 716 nach Bad Herrenalb. Von dort weiter mit dem Bus 244 nach Gernsbach zurück. Alternativ eine Autoschaukel zwischen Lauterbach und Dobel aufbauen.

Ausgangspunkt
Lautenbach, Festplatz

Endpunkt
Dobel, Ortsmitte

Karten
Oberes Enztal, 1:35 000, Karte des Schwarzwaldvereins

Information
Touristeninformation, Rathausplatz 11, 76332 Bad Herrenalb, Telefon (07083) 50 05 55, www.badherrenalb.de/de/gastgeber/touristinformation

Wer auf alte Karten schaut, kann manch Verschollenes entdecken. Etwa den kilometerlangen, völlig einsamen und sich selbst überlassenen Hochebenenpfad, der zwischen Langmarts- und Schweizerkopf liegt und federnd durch Flechten, Moose, Hochmoorabschnitte und skandinavisch anmutenden Wald führt. Davor liegen mit Rockert, Dachsstein, Lautenfelsen und dem Zickzackpfad zur Teufelsmühle hinauf vier alpine Momente der Extraklasse, die durch ordentlich Höhenmeter erarbeitet werden wollen.

In Lautenbach am Festplatz (300 m) ❶ wandern wir die Lautenfelsenstraße gen Osten, bis wir am Ortsende auf die Bernauer Straße treffen. Ein altes, gelbes Hinweisschild am Gartenzaun weist nach rechts, Richtung Lauten- und Rockertfelsen. Wir halten uns rechts und wandern auf einem Feldweg aus dem Dorf und in den Wald hinein. Rechter Hand die Kirche »Mariä Heimsuchung«. Zu Beginn orientieren wir uns an der gelben Raute und (etwas später) dem stilisierten M der Murgleiter. Es geht durch den Wald auf Forstwegen bergan. Ab dem Wegweiser »Eichrodtsruh« (528 m) wird es dann richtig pfadig und bergig. Auf dem Weg zur Elsbethhütte treffen wir linker Hand auf einen schönen Felssporn, den man sich durch eine Kraxelei erarbeiten kann. Von der Elsbethhütte ❷ aus (572 m) hat man dann einen schönen Blick ins Murgtal hinunter.

Hier taucht nun auch das rot-blaue Wegzeichen der Gernsbacher Runde auf. Wir bleiben auf unserem alpinen Pfad und erkunden den Rockertfelsen. Toller, griffiger Granit, der es ermöglicht, die Felsen etwas genauer zu erkunden. Wir folgen weiter dem Pfad, der wenig später endet und in einen bewachsenen Forstweg mündet. Hier halten wir uns rechts, da wir noch den Dachsstein mitnehmen wollen. Den erreichen wir 600 Meter weiter, indem wir uns an der nächsten Abzweigung rechts halten. Ein kurzer, spannender Stichweg erschließt den Felsen. Wir wandern auf dem Forstweg zurück, am Abzweig geradeaus weiter (Kothwiesen-Weg) und

Trinkpause hoch über dem Murgtal

halten uns nach 200 Metern am nächsten Abzweig links. Nach weiteren 200 Metern wieder links. Dem Kothwiesenweg folgen wir weitere 400 Meter. Dann mündet dieser in den Lautenfelsenweg (gelbe Raute). Hier geht's wiederum nach links.

Auf unserem Weg zu dem mächtigen Lautenfelsen (594 m) ❸ passieren wir den Lochfelsen (600 m), dessen Kamm wiederum durch eine Kletterei teilweise erschlossen werden kann. Mit Betonung auf »kann« – man muss dafür schon klettern können

Anforderungen

Lange Tour. Die Pfade um den Rockert, Dachsstein und Lautenfelsen – alle T2. Wenn man sich ins Felsgelände weiter vorwagt – T3. Der tolle, skandinavisch anmutende Pfad zwischen Langmartskopf und Schweizerkopf zieht sich.

93

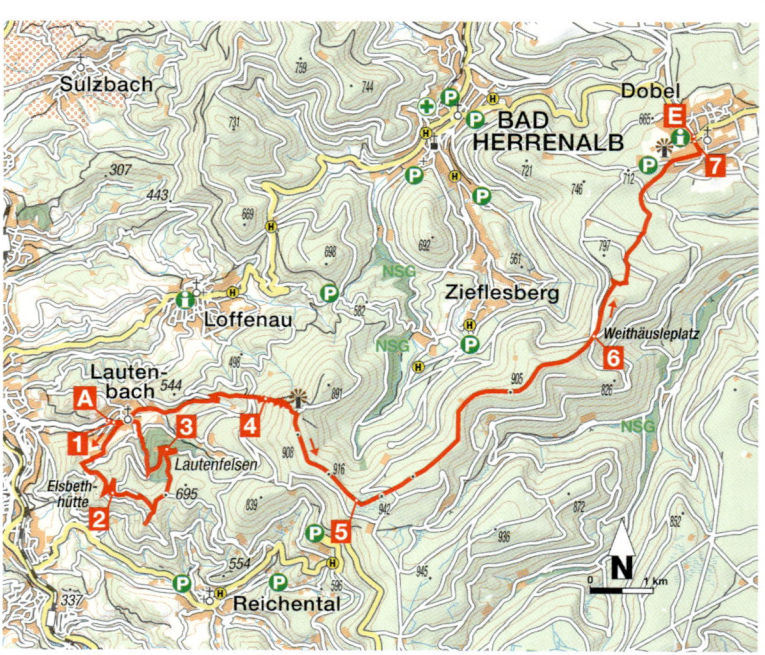

Kurz vor dem Rockertfelsen

und schwindelfrei sein. Wer sich nicht sicher ist, lässt die Finger davon. Vom Lautenfelsen aus hat man eine gigantische Aussicht. Ein Felskamm liegt vor dem Gipfel, zu dem Steinstufen hinaufführen. Via Wegweiser »Heilwiesen« (520 m) geht es auf einem tollen Pfad nach Lautenbach hinunter. Ab Ortsanfang wandern wir einige Kilometer ohne Wegzeichen. Wir treffen auf die Steintalstraße, welche in die Lautenfelsenstraße übergeht und auf die alte Version der Kirche »Maria Heimsuchung« stößt. Hier nach rechts in die Illertstraße und wenige Meter weiter vor dem Spielplatz wieder nach rechts in den Stauweiherweg, der uns aus dem Dorf hinaus zum Stauweiher leitet. Hier geht's nach links, wir überqueren den Lautenbach. Sofort nach rechts und nun parallel zum Lautenbach auf einem romantischen Forstweg (Langwiesenweg) bergan. Was folgt, ist ein wirklich langer Anstieg über 600 Höhenmeter zur Teufelsmühle hinauf. Der Langwiesenweg beschreibt nach etwa 400 Metern eine Linkskurve und trifft dann auf den Illertweg, der wiederum ein Forstweg und mit der gelben Raute markiert ist. Wir halten uns rechts und steigen weiter bergan. Wenig später, an der nächsten größeren Wegkreuzung, beginnt mit dem Zickzackweg ❹ der eigentlich spannende Teil des Aufstieges. Der Pfad ist eng, steil, wurzelig und steinig und führt in engen Serpentinen zur Teufelsmühle und ihrem Aussichtsturm hinauf (gelbe Raute). Die Beschilderung am Gasthof/Wegweiser »Teufelsmühle« ist dann etwas verwirrend. Soll man der blauen oder der gelben Raute folgen? Beiden, und zwar am Gasthof vorbei. Kurz darauf trifft man erneut auf einen gleichnamigen Wegweiser. Hier links halten und nun ausschließlich der blauen Raute folgen, Richtung Metzgerstein.

Der Wildnispfad zieht sich kilometerweit.

Vorsicht, Zecken!

Die Strecke zwischen Langmartskopf und Schweizerkopf ist Zeckengebiet.

Die nun folgenden 1,5 Kilometer sind wunderschön. Ein felsiger Weg führt durch lichten Niederwald leicht bergan. Der Abzweig zu unserem Wildnispfad und der damit verbundenen Erkundung von Langmartskopf, Lerchenstein und Schweizerkopf liegt gegen Ende des Abschnitts und wird leicht übersehen. Kurz vor dem Wegweiser »Metzgerstein« (910 m) beschreibt der Pfad eine 90-Grad-Kurve, um dahinter wenige Meter später auf den eben genannten Wegweiser zu stoßen. In dem Knick der Kurve liegt der Abzweig des Wildnispfades ❺ – einfach geradeaus weiterlaufen. Die nun folgenden fünf Kilometer sind Skandinavien pur. Moose und Flechten, umgestürzte Bäume, lichter Wald mit Birken und

Kiefern, die sich im Wind wiegen. Der kaum merkbar abwärts verlaufende Pfad federt zudem leicht, weil er zu Beginn durch ein Hochmoor führt. Einsamkeit allenthalben, Erholung pur. Richtig schön. Tipp: Wir sind von der bisher zurückgelegten Distanz und den Anstiegen ganz schön fertig und können diesem wundervollen Streckenabschnitt erst nach einer Pause die gebührende Aufmerksamkeit zukommen lassen. Der Pfad endet am Weithäusleplatz (822 m) ❻ und der gleichnamigen Hütte. Ab hier ist es nicht mehr weit bis nach Dobel (700 m), ungefähr vier Kilometer. Es geht mit der roten Raute (Westweg) auf dem Althäusleweg und dem Hahnenfalzweg in das Kurörtchen hinunter. Via Höhenstraße und Wildbader Straße erreicht man die Ortsmitte und die Bushaltestelle ❼.

Felstisch am Zickzackpfad

Linke Seite: Die Felswelt des Lautenfelsens

Einkehr und Unterkunft

Albtal Arena Campingplatz, Schwimmbadstraße 29, 76332 Bad Herrenalb, Telefon (07083) 922 03 53, www.albtal-arena.de

Gästehaus Helga, 76332 Bad Herrenalb, Gernsbacher Straße 35, Telefon (07083) 82 04

Haus Grußmayer, Bleichweg 32, 76332 Bad Herrenalb, Telefon (07083) 89 03

Höhengasthaus Teufelsmühle, Landstraße L 564, 76597 Loffenau, Telefon (07083) 83 02

12 Kraxeln und Wandern

Die Felsenpfade um die Hertahütte, Brockenfelsen und Falkenfelsen

Mittel	3,3 km	762/640 Hm	1:10 h

Tourenverlauf
Haltestelle Bühlerhöhe/Plättig, Bühlertal – Hertahütte – Brockenfelsen – Falkenfelsen – Haltestelle Bühlerhöhe/Plättig, Bühlertal

An-/Abfahrt
Ab Baden-Baden Bahnhof, samstags und sonntags mit dem Bus 245 Richtung Mummelsee, beschränkte Platzzahl. Unter der Woche mit dem Zug nach Bühl, von dort weiter mit dem Bus 263. Ansonsten Anfahrt mit dem Pkw zum Wanderparkplatz Plättig (Luchs-/Wildnispfad).

Ausgangs-/Endpunkt
Haltestelle Bühlerhöhe/Plättig, Bühlertal

Karten
Oberes Murgtal/Baiersbronn/Freudenstadt, 1:35 000, Karte des Schwarzwaldvereins, WOM, die freie Route über die Brockenfelsen und der Pfad über die Falkenfelsen sind nicht eingezeichnet.

Information
Tourist-Information, Hauptstraße 41, 77815 Bühl, Telefon, (07223) 93 53 32, www.buehl.de/de/Kultur-Freizeit/Ferienregion/Tourist-Information

Im 19. Jahrhundert haben die Touristikfachleute ihren Gästen wohl etwas zugetraut. Erkundet man die Felswelt um die Hertahütte, erkennt man in den Fels gehauene Stufen oder Treppen. Sie führen durch felsiges Gelände zu wunderschönen Panoramablicken auf die mondänen Berghotels, für deren Gäste diese vergessenen Felsengärten wohl angelegt wurden. Eine Lost-Place-Atmosphäre umweht die Gegend. Alpines Highlight dieser felsigsten Tour des Buches sind die langgezogenen Brocken- und Falkenfelsen.

Von der Bushaltestelle Bühlertal/Plättig (760 m) ❶ aus, wandern wir wenige Meter an der B 500 entlang, bis wir auf den Wanderparkplatz für den Luchs-und Wildnispfad treffen. Hier wenige Meter nach rechts und dann sofort nach links den Abzweig zur Kapelle »Maria Frieden« nehmen. Kurz vor der Kapelle geht der verwilderte Briefträgerweg mit der gelben Raute nach links hinunter ab. 300 Meter weiter stoßen wir auf den Wegweiser »Eulenstein« (705 m). Hier nehmen wir den Pfad zu den 200 Meter entfernten Falkenfelsen. Wir erreichen nach besagten 200 Metern eine Art Wegkreuzung. Die Falkenfelsen können nun rechts auf einem Forstweg oder links auf einem alpinen Pfad bis zur Hertahütte umgangen werden. Diesen nehmen wir natürlich. Ein Prachtpfad, der am Fuß der Falkenfelsen entlang verläuft. 500 Meter weiter erreichen wir wieder eine Art Wegkreuzung, die nun unterhalb der Hertahütte (740 m) ❷ liegt. Ein Stichpfad führt zu dieser hinauf. Eine atemberaubende Aussicht wartet auf uns.

Nach einer kleinen Pause geht's wieder hinunter und wir folgen nun dem Trampelpfad nach links, der uns leicht bergab nach 150 Metern zur nächsten Felsformation leitet. Hinter dieser geht es weiter bergab, entlang einer kleinen Felswand, die mit einem Geländer versehen ist. Wir treffen auf einen Forstweg, eine Art Sattel, denn gegenüber geht es geradewegs zu den Brockenfelsen

(660 m) ❸ hinauf. Achtung! Oben angekommen, kann man einem Trampelpfad kurz nach links folgen, zu den links gelegenen, letzten Felsen des Massivs. Von dort führt dann auch ein Pfad mit alten Stufen links unterhalb der höchsten Linie in die andere, entgegengesetzte Richtung. Das Granitfelsband, das sich circa 150 Meter gen Westen erstreckt und in Stufen moderat ins Tal hin abfällt, kann nun springend, kraxelnd und wandernd erkundet werden. Je nach Fitnesslevel und Selbstvertrauen kann das direkt in höchster Linie auf den Felsbrocken verlaufen (schweres Niveau). Etwas leichter wird es, wenn man die Varianten nimmt, die ein bis zwei Meter (meistens)

Dieser Pfad schlängelt sich unterhalb der Falkenfelsen entlang.

Anforderungen

Wer sich darauf einlässt, die Felsenwelt um Brocken- und Falkenfelsen näher zu erkunden, wandert hier auf T3- bis T4-Niveau, Kraxeleien inklusive. Die anderen Pfade um die Hertahütte sind T2-Niveau.

Lohnenswerte Abstecher

Wir haben relativ viel Zeit an den Brocken- und Falkenfelsen verbracht. Wer das nicht macht, dem kann die Tour recht kurz vorkommen. Die Pfade zu und um die Gertelbach-Wasserfälle lohnen auf alle Fälle einen Abstecher und auf der anderen Seite der B 500 liegen der angelegte Wildnis- und Luchspfad. Man kann aber auch nach Bühlertal hinunterfahren und den Engelssteig kennenlernen.

links unterhalb der höchsten Linie liegen, wo man Trampelpfadspuren entdeckt. Der letzte Felsbrocken liegt dann schon im Wald. Wer nun von den Felsen genug hat, wandert 100 Meter geradeaus frei Schnauze durch den Wald und trifft auf einen Forstweg. Dieser verläuft unterhalb der Felsen um diese herum, und wer nun nach rechts geht, kommt wieder an dem Sattel vor den Brockenfelsen heraus. Uns war das zu konventionell, deshalb sind wir das Felsenband zurückgekraxelt.

Nun geht es auf denselben Pfaden zur Hertahütte zurück beziehungsweise zum Beginn des Stichpfades unterhalb der Hütte, denn wir wollen ja zu den Falkenfelsen. Wir wandern noch wenige

Das Felsband der Brockenfelsen ...

Rechte Seite: ... ist schön und schön griffig.

Meter weiter zurück, dann stehen wir unterhalb der Falkenfelsen ❹, zu denen wir nun hinauf wollen. Ein unmarkierter Pfad führt bergan und auf Halbhöhe rechts an den Felswänden vorbei. Wenige Höhenmeter unterhalb liegt gut einsehbar der Pfad, den wir auf dem Hinweg genommen haben. Immer wieder zeigen uns kurze, verwitterte Treppenabschnitte, dass hier früher selbstverständlich gewandert wurde. Nach einem kleinen

Abstecher auf einen Signalgipfel läutet eine sehr steil abfallende und verwitterte Treppe (sicherheitshalber rückwärts absteigen) das Ende dieses Wegabschnittes ein. Wir treffen wieder auf den Wegweiser »Falkenfelsen« und nehmen für 100 Meter den Forstweg, der linker Hand zum Plättig hinaufführt. Dann zweigt ❺ nach rechts wieder ein unmarkierter Pfad ab, der uns durch eine letzte, kleine Felspassage lotst und kurz darauf wieder in den Forstweg mündet (Vorsicht: gegen Ende Brombeerranken an der Böschung zum Forstweg hinunter). Der Forstweg bringt uns dann wieder zum Ausgangspunkt unserer Wanderung zurück.

Einkehr und Unterkunft

Camping Herrenwies, Herrenwies 22, 76596 Forbach-Herrenwies, Telefon (07226) 411, www.camping-herrenwies.de

Waldgasthaus Kohlbergwiese, Kohlbergstraße 4, 77815 Bühl, Telefon (07226) 250, www.waldgasthaus-kohlbergwiese.de

NFH Badener Höhe, Schwarzwaldhochstraße 1, 77815 Bühl, Telefon (07226) 238, www.naturfreunde.de/haus/naturfreundehaus-badener-hoehe

Bergwaldhütte Sand, Stadtwald 2a, 77815 Bühl, Telefon (07226) 237, www.bergwaldhuette.info

13

Alpin um Oppenau unterwegs

Eckenfelsen und Maisacher Grat

Leicht   11,6 km   669/268 Hm   3:50 h

Tourenverlauf
Lierbach, Gasthof Blume –
Eckenfelsen – Kleine Steig –
Raneck – Maisacher Grat –
Maisach – Bahnhof Oppenau

An-/Abfahrt
Mit dem Zug nach Oppenau,
weiter mit Bus 7125 (nur am
Wochenende, Anmeldung unter
Telefon (0781) 9 35 40), unter
der Woche mit dem Taxi zum
Ausgangspunkt. Alternativ dazu
Anreise mit einem oder besser
zwei Pkw (Autoschaukel).

Ausgangspunkt
Lierbach, Gasthof Blume

Endpunkt
Bahnhof Oppenau

Karten
Oberes Murgtal/Baiersbronn/
Freudenstadt, 1:35 000, Karte
des Schwarzwaldvereins

Information
Tourist-Information, Service-
stelle Oppenau, Rathaus-
platz, 77728 Oppenau,
Telefon (07804) 48 36,
www.renchtal-tourismus.de

Bitte beachten!
Aus Gründen des Naturschutzes
ist das Begehen der Pfade um
die Eckenfelsen nur vom 1. Juli
bis 31. Dezember erlaubt.

Zwischen Renchtal und Schwarzwaldhochstraße schlummern manche unbekannten Wanderperlen. Zwei davon werden bei dieser Tour miteinander verbunden. Da ist zum einen das imposante Felsmassiv der Eckenfelsen, eine mehrteilige, wunderschöne Felsengruppe aus Porphyrgestein. Einen Höhenzug weiter befindet sich mit dem Maisacher Grat ein schmaler, naturbelassener Pfad, der Trittsicherheit und Schwindelfreiheit voraussetzt, sind doch einige Stellen mit alpinem Charakter dabei.

Kleine Geröllhalde am Rande
des Pfades

Das Ende des Zugangspfades
zu den Eckenfelsen

Der Maisacher Grat ist manchmal …

Rechte Seite: … gar nicht so einfach zu begehen.

Am Gasthof Blume (355 m) ❶ geht es los. Wir überqueren den Bach und orientieren uns an der gelben Raute und der Rotenbachstraße bergan. Nach einem Kilometer Anstieg erreichen wir die Straße Eckenfels und zweigen dann wegzeichenlos nach rechts in diese Straße ab. Nach rechts haben wir einen tollen Blick auf den Hauskopf, der gegenüber den Eckenfelsen liegt, aber eher unzugänglich ist (wir haben es ausprobiert). Kurz darauf erreichen wir ein Gehöft. Direkt am Gehöft zweigt ein Feldweg nach links zum Waldrand hinauf ab. Ist dieser erreicht, folgen wir gleich darauf dem Waldweg, der nach rechts abgeht. Abzweigungen nach rechts ignorieren wir. Nach kurzer Zeit beschreibt der Weg eine Linkskurve, wenig später verjüngt sich der Weg und gabelt sich in zwei Wege auf. Die linke Variante nehmen. Dieser Weg wird zum Pfad und gleich darauf teilt sich dieser in drei Varianten auf. Wir nehmen die mittlere, die der Zustiegssteig für die Eckenfelsen (580 m) ❷ ist und richtig toll am Fuß des Felsmassivs durch lichten Laubwald entlangführt. Die Sicherungsplätze sind durch Stichpfade erreichbar und noch näher am Fels, sodass wir nicht stören. Am Ende dieses 800 Meter langen, schmalen Traumpfades erreichen wir das große Geröllfeld des Felsens und haben einen freien Blick auf ihn.

Anforderungen

T2 bis T3 beim Eckenfels, T2 auf dem Maisacher Grat. Der Abstieg nach Maisach ist T1, der Rest der Strecke verläuft unspektakulär. Achtung: Für die Pfade um die Eckenfelsen gilt zum Schutz brütender Vögel vom 1. Januar bis zum 30. Juni ein Begehungsverbot.

Der Pfad führt steinig zu einem Waldweg hinunter, der im Übrigen die ganze Zeit parallel zu unserem Pfad verlaufen ist und eine Wegalternative darstellen kann. Auf dem Waldweg halten wir uns links. Dieser leitet uns auf ein Fahrsträßchen, die Mühelochstraße/Steig, der wir nach links via Steighof 1,5 Kilometer zur L 92/ Kniebisstraße ❸ hinauf folgen (660 m).

Der unserem Weg gegenüberliegende, unzugängliche Hauskopf

Linke Seite: Ein Traum von einem Pfad, unterhalb der Eckenfelsen

Wir queren die Passstraße und steuern nun über die Wegweiser »Beereichenäckerle« und »Raneck« (gelbe Raute) den Maisacher Grat (530 m) ❹ an. Trittsicherheit und Schwindelfreiheit werden uns beim Überqueren des Grates abverlangt. Der Pfad hat alpinen Charakter. Dahinter geht es an den Abstieg. Unser Pfad (gelbe Raute und Maisacher Turmsteigschild) führt bergab, der Pfad wird im Tal zum Waldweg, der in einen unbefestigten Feldweg mündet und uns nach Maisach (380 m) ❺ bringt. Der sogenannte Maisacher Wanderweg leitet uns nun parallel zum Bägoldsbach nach Oppenau. Zuerst rechts der Maisacher Straße, dann auf der linken Seite (gelbe Raute). Am Ortseingang von Oppenau (300 m) erreichen wir die Günter-Bimmele-Halle. Dahinter geht es wegzeichenlos nach links zum Freibad. Vor dem Freibad den Fußpfad nach rechts zum Lierbach hinunter nehmen. Dem Gewässer nach links hinterher bis zum Ende des Stadtgartens. Dort folgen wir der Poststraße, die auf die Ecke Renchtalstraße und Bahnhofstraße trifft. Hier nach rechts abbiegen und weiter der Bahnhofstraße folgen. So erreichen wir den Bahnhof ❻.

Einkehr und Unterkunft

Gasthof Blume, Rotenbachstraße 1, 77728 Oppenau-Lierbach, Telefon (07884) 30 04, www.blume-lierbach.de

Hotel-Restaurant Rebstock, Straßburger Straße 13, 77728 Oppenau, Telefon (07804) 728, www.rebstock-oppenau.de

14

Zu den tollsten Felsen im mittleren Schwarzwald

Der alpine Pfad bei Hornberg

Schwer	17,5 km	832/378 Hm	6:30 h

Tourenverlauf
Bahnhof Hornberg – Windeckfeslen – Immelsbacher Höhe – Feierabendfelsenweg – Schlossfelsen – Rappenfelsen – Abenteuerweg – Steinbis – Franz-Göttler-Weg – Triberg

An-/Abfahrt
Mit dem Zug nach Hornberg beziehungsweise ab Triberg. Mit dem Pkw via A 81 und Schramberg nach Hornberg. Auf beiden Seiten der Gleise und des Bahnhofs gibt es Parkplätze.

Ausgangspunkt
Bahnhof Hornberg

Endpunkt
Bahnhof Triberg

Karten
ZweiTälerLand/Triberg/Furtwangen, 1:35 000, Karte des Schwarzwaldvereins

Information
Tourist-Information Triberg, Wallfahrtstraße 4, 78098 Triberg, Telefon (07722) 86 64 90

Zwei Felsenwege, einen Kammpfad, einen Abenteuerweg, drei große Felsklötze und einen schmalen, idyllischen Flusspfad beinhaltet diese tolle Route. Der Hornberger Felsenweg, 2012 teilweise neu angelegt, passiert den Windeckfelsen mit imposantem Blick auf die Stadt und die Schwarzwaldbahn. Über die Immelsbacher Höhe geht es auf schmalen Waldpfaden zum Feierabendfelsenweg. Der Rappen- und die Schlossfelsen können auf kuriosen Zugangspfaden bestiegen werden. Auf dem wilden Abenteuerweg geht es ins Tal der Gutach, die uns bis Triberg mit seinen Wasserfällen begleitet.

Zu Beginn des Feierabendfelsenweges

Anstieg zum Oberen Schlossfelsen

Ausgangspunkt der Wanderung ist der Bahnhof in Hornberg (384 m) ❶, von wo aus man schon mal einen schönen Blick auf die gegenüberliegende, auf einem Fels thronende Burg Hornberg hat. Wir müssen auf die östliche Seite des Bahnhofs und gelangen über den Bahnübergang dorthin. Hier, Ecke Wilhelm-Hausenstein-Straße/Im Buchenbronn, steht auch der erste für uns wichtige Wegweiser »Hornberg, Buchenbronn« (400 m). Wir folgen ab hier der blau-roten Raute auf einem Waldpfad zum 600 Meter entfernten Gesundbrunnen hinauf. Ab dem Brunnen orientieren wir uns an der gelben Raute und es geht nach links. 800 Meter weiter, am Wegweiser »Beim Fernseh-

Anforderungen

Durchgängiges T2-Wandern. Abschnitte am Windeck-, Feierabend- und Unteren Schlossfelsen sind T3.

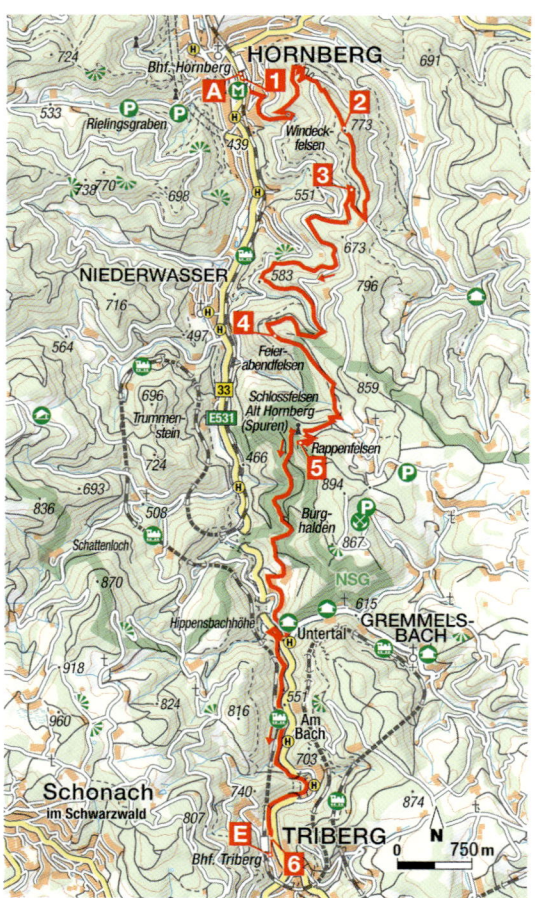

umsetzer«, leitet uns ein schönes Pfädchen steil bergan (Felsenweg) zum ersten Highlight der Tour, dem Windeckfelsen (600 m) ❷. Der kleine, kompakte Felsen kann umrundet werden. Wenn keine Kletterer da sind, sollte man das auch machen. Sogar eine kurze und leichte Klettereinlage mit Halteseil ist möglich.

Dahinter geht es kurz leicht bergan und wir erreichen das improvisierte Gipfelkreuz der Immelsbacher Höhe. Ab hier leitet uns nun ein wundervoller Kammpfad, der in manchen Veröffentlichungen als »alpiner Pfad Hornberg« beschrieben wird, über diese schöne Schwarzwaldhöhe. An der Hütte/ Wegkreuzung/Wegweiser »Immelsbacher Höhe« (653 m) halten wir uns rechts und wandern bergab, der blau-roten Raute nach. Ein Forstweg wird gekreuzt, bevor wir gleich darauf den Wegweiser »Palmdobel« (570 m) ❸ erreichen. Hier scharf nach links und dem Kanzelweg (ein wunderbarer Waldpfad) und der gelben Raute bis kurz vor Hornberg hinunter folgen. Dabei werden immer wieder Forstwege für kurze Zeit gekreuzt. Die Pfadfortsetzung findet sich immer wieder ein paar Meter weiter. An der Weggabelung Kreuzweg Kanzel geht es dann wieder bergan, Richtung Feierabend- bzw. Rappenfelsen.

Unterwegs führt ein kurzer Stichweg zur sogenannten Kanzel. Kein unbedingtes Muss. Kurz vor den Feierabendfelsen / Althornberg wird wieder ein Forstweg gekreuzt. Für etwas Verwirrung hat hier bei der Pfadfortführung ein beschädigter Holzwegweiser gesorgt. Der gelben Raute kann man hier nach links und rechts folgen. Wir müssen nach rechts. Nun folgt der schönste Abschnitt unserer Wanderung. Die Feierabendfelsen ❹ sind ein langgestrecktes Felsmassiv, das vom etwa einen Kilometer langen Feierabendfelsenweg erschlossen ist. Ein Hoch den Mitgliedern der Ortsgruppe Hornberg des Schwarzwaldvereins, die diesen Pfad 1980 erbaut haben. Der alpine Weg verläuft unterhalb beziehungsweise entlang der Felsen. Wer genau hinschaut, erkennt, dass Abenteuerlustige auch Pfade auf die Felsen gesucht und gefunden haben. Wir haben das auch gemacht und eine kleine Exkursion bergan gemacht. Man fühlt sich dabei etwas wie auf dem Karlsruher Grat. Links geht's senkrecht bergab, rechts befindet sich der sichere, »ebene« Bergwald. Der Feierabendfelsenpfad endet an einer schönen Wiese. Links oben ein typischer Schwarzwaldhof.

Linke Seite: Inmitten der Feierabendfelsen

Triberger Wasserfälle

Für einen Abstecher zu den berühmten Wasserfällen in Triberg sollte noch Zeit sein.

Links: Kurze Kletterei zum Windeckfelsen hinauf

Rechts: Auf dem Unteren Schlossfelsen

Auf einem Waldweg erreichen wir dahinter den Unteren Schlossfelsen (780 m), den wir auf einem abenteuerlichen, steilen Treppenweg erkunden. Von hier aus werden durch einen kurzen, aber knackigen Anstieg auch der Obere Schlossfelsen (820 m) und der Rappenfelsen (840 m) **5** erkundet. Der Rappenfelsen kann übrigens wieder umrundet werden. Wer vor ihm steht, folgt dem unmarkierten Pfad nach rechts. Wir wandern zum Unteren Schlossfelsen zurück. Hier links halten und der gelben Raute beziehungsweise dem ausgeschriebenen Abenteuerweg nach Steinbis hinunter folgen. Der sogenannte Abenteuerweg ist circa zwei Kilometer lang und landschaftlich wirklich spannend, dann geht er in einen Forstweg, später eine Asphaltstraße über und leitet uns ins Tal zum großen Sägewerk hinunter beziehungsweise an diesem vorbei. Wir kommen am Tunnel der B 33 heraus, queren die Bundesstraße und wandern die restlichen vier Kilometer auf dem Franz-Göttler-Weg (Gutachtalweg) nach Triberg. Links von uns die Gutach und die B 33, rechts von uns die Gleise der Schwarzwaldbahn. Dazwischen wandern wir auf dem schmalen Pfad, den 1963 Heimatliebende zwischen Hornberg und Triberg angelegt haben. Der Pfad führt direkt zum Bahnhof Triberg **6**.

Die Burg Hornberg lädt zum Abschluss ein. Allerdings muss man erst mit dem Zug nach Hornberg zurück und dann aufsteigen.

Linke Seite: Unterhalb vom Windeckfelsen

Einkehr und Unterkunft

Lynx Camp und Camping, Friedhofstraße 18, 78141 Schönwald, Telefon (07722) 868 67 86, www.lynx.camp

Jugendherberge Triberg, Rohrbacher Str. 35, 78098 Triberg, Telefon (07722) 41 10, https://triberg.jugendherberge.de

Haus Birke, Birkenweg 9, 78098 Triberg, Telefon (07722) 42 28

Privatzimmer Achim Maier, Zum Kapellenberg 16, 78098 Triberg, Telefon (07722) 79 15, www.fewo-maier-triberg.de

15 Die 2000-Höhenmeter-Bergtour

Bergauf, bergab – auf alpinen Pfaden unterwegs im Simonswäldertal

Schwer   20,5 km   963/534 Hm   7:40 h

Tourenverlauf
Gütenbach – Teichschlucht – Birkfelsen – Hohwarts-felsen – Hirschbachfälle (Zweribach) – Wilde Gutach – Wäldersteig – Gütenbach

An-/Abfahrt
Ab Bahnhof Waldkirch via Post, Waldkirch (Bus 7201) und via Bleibach (Bus 7272) nach Gütenbach. Eine Anfahrt mit Zug und Bus über Triberg dauert doppelt so lange. Oder mit dem Pkw anreisen.

Ausgangs-/Endpunkt
Haltestelle Maierhof, Güten-bach

Karten
ZweiTälerLand/Triberg/Furt-wangen, 1:35 000, Karte des Schwarzwaldvereins, WTF

Information
ZweiTälerLand Tourismus, Bahnhofstraße 1, 79261 Gutach, Telefon (07685) 194 33, www.zweitaelerland.de

Das Simonswäldertal ist eines der steilsten und tief eingeschnittensten Täler des Schwarzwalds. Mit der Teichschlucht, den Pfaden um den Birkfelsen, dem Bannwald bei den Zweribacher Wasserfällen und dem Wäldersteig warten vier alpine Abschnitte der Extraklasse auf uns. Da diese auf zwei verschiedenen Talseiten liegen, muss zweimal aufgestiegen und abgestiegen werden, was die Sache sehr anstrengend und zu einer richtigen Bergtour macht.

Start der Tour ist die Haltestelle Maierhof ❶ in der Ortsmitte von Gütenbach, die in der Hauptstraße (830 m) liegt. Wir folgen nun der roten Raute auf gelbem Grund aus dem Ort hinaus. Kurz vor Ortsausgang, den Wolfssprung vor Augen, zweigt nach links das Strächen Teich ab. Diesem und der roten Raute auf gelbem Grund folgen

Auf dem Wäldersteig

Das Geröllfeld am Ende unserer Tour

wir zur Kläranlage hinunter. Dort wird der Wildbach überquert und wir befinden uns nun auf der rechten Seite der Teichschlucht. Nach 500 Metern treffen wir am Wegweiser »Teichschlucht« (705 m) auf den Abzweig Karrenweg Richtung Simonswald/Hintereck (705 m). Von dort kommen wir gegen Ende der Tour herunter. Wir wandern nun einen Kilometer die enge Teichschlucht auf schmalen Pfaden weiter ins Tal der Wilden Gutach zur Pfaffmühle (560 m) ❷ hinunter und haben so schon mal 300 Höhenmeter hinter uns gebracht. Ab hier taucht nun auch das Weg-zeichen des Zweitälersteigs auf (rotes Herz auf hellgrüner Raute), das uns im Lauf der Wanderung begegnen wird.

Anforderungen

Teichbachschlucht T2, Pfade um den Birkfelsen T3, Pfade um die Zweribachfälle T2, Wäldersteig T2

In der Teichschlucht ist es
feucht, steil und felsig ... und
wunderschön.

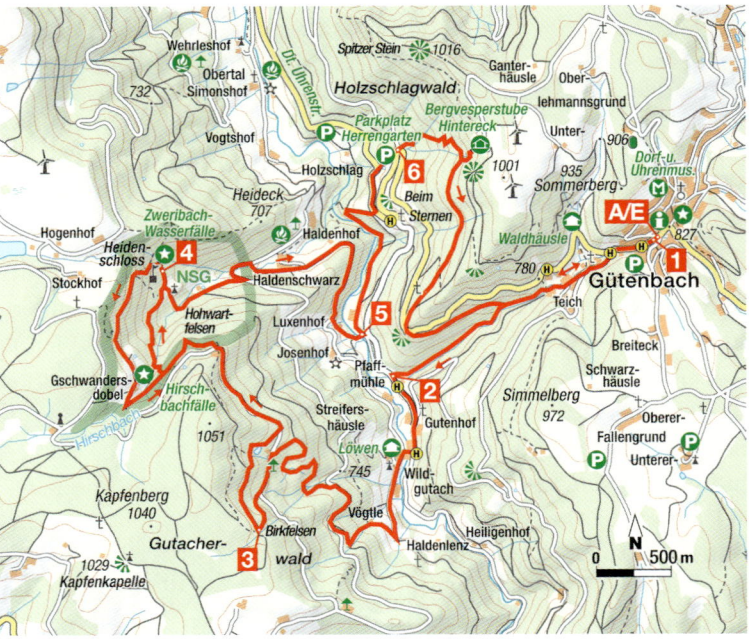

Wir halten uns aber links und folgen der gelben Raute zum Wegweiser »Vögtle«, wo wir nach rechts auf schmalen Pfaden zum
Wegweiser »Streifer's Häusle« hinaufwandern. Auf dem dortigen
Sträßchen (Hirschwinkelweg) wandern wir 400 Meter nach rechts,
dann zweigt linker Hand ein Forstweg ab. Dieser bringt uns wegzeichenlos in Serpentinen bergan und mündet in den sogenannten
Hauptweg, der eigentlich die Fortführung des Hirschwinkelweges
ist. Auf diesem nun 300 Meter nach links, dann beginnt rechts der
tolle Aufstiegspfad zum Birkfelsen (940 m) ❸. Wir
haben jetzt 400 weitere Höhenmeter überwunden.
Wir wandern nach links und folgen wenig später
nach rechts dem Forstweg via Mättleweiher zum
Hauptweg hinunter. Dieser leitet uns zuerst zum
Hohwartfelsen (860 m) und danach auf T2-Pfaden
zu einer kleinen Fallstufe der Hirschbachwasserfälle und via Wegweiser »Brunnen« (kleine
Kapelle) dahinter zu den Zweribachfällen ❹. Dort
(Wegweiser »Brücke«) biegen wir scharf links ab

Links: Ein Powerwanderer auf
dem Weg zum Hintereck

Rechts: Der Wäldersteig ist abschnittsweise sehr anspruchsvoll.

Abstecher wert

Einen Katzensprung entfernt liegt
das Kostgefäll, das mit der Höllkopf-
Schultiskopf-Ibichkopf-Überschreitung
eine tolle Tour anzubieten hat (siehe
Band I).

und wandern auf einem Traumpfad durch den Bannwald und herrliche Felsformationen Richtung Stockhof bergauf. Kurz vor der 1000-Höhenmetermarke beziehungsweise der Hochebene geht ein unmarkierter Pfad nach links ab, der uns über den Gschwandersdobel von oben zu den oberen Fallstufen der Hirschbachwasserfälle führt und wieder in den offiziellen Wanderweg bei der ersten Fallstufe mündet. Auf dem bekannten Pfad geht's zum Wegweiser »Brunnen« zurück und nun beginnt der lange Abstieg ins Tal der Wilden Gutach hinunter (350 Höhenmeter) ❺.

Das Wegzeichen des Zweitälersteigs und der Zweribachweg leiten uns via Brugger-, Luxen- und Vitenhof bergab und wir queren zum Schluss die Wilde Gutach. Nun heißt es, 400 Höhenmeter auf 960 Meter auf der anderen Talseite wieder aufzusteigen. Vom Vitenhof aus wandern wir entlang der Wilden Gutach nach links, zum Wegweiser »Unterhalb Sternen«. Ab hier beginnt der erste Teil des Aufstiegspfads (gelbe Raute), der in unmittelbarer Nähe der L 173 bis zum Wanderparkplatz Herrengarten (650 m) führt ❻. Der zweite Teil ist felsiger und wilder und leitet uns als »Wäldersteig« (Baumlehrpfad) zum Hintereck hinauf, wo wir uns eine kühlende Erfrischung mit Almambiente redlich verdient haben. Wer den Teilaufstieg in einer halben Stunde schafft, ist laut Hinweistafel, die zu Beginn des Wäldersteiges steht, übrigens gesund! Jetzt wollen wir von hier auf den Zweitälersteig, den wir vorhin am weiter unten liegenden Wegweiser »Wäldersteig« gekreuzt haben. Wir steigen also wieder ein paar Meter bergab und halten uns dann auf dem Zweitälersteig links. Beim Vitenbühl (700 m) queren wir die L 173, halten uns links und wandern auf dem mit der gelben Raute markierten Pfad gen Gütenbach. Der Trampelpfad quert eine wunderschöne, kleine Halde und mündet felsig in den vom Tourbeginn bekannten Teichbachschluchtweg, der uns vollends nach Gütenbach, dem Ausgangspunkt der Tour, bringt.

Am Ortsende von Gütenbach liegt dieser »Wolfssprung«.

Linke Seite: Die Zweribacher Wasserfälle gehören zu den eindrucksvollsten Fällen im Schwarzwald.

Einkehr und Unterkunft

Lynx Camp und Camping, Friedhofstraße 18, 78141 Schönwald, Telefon (07722) 868 67 86, www.lynx.camp

Pension Maierhof, Hauptstraße 34, 78148 Gütenbach, Telefon (07723) 78 95, www.gasthaus-maierhof.de

Einkehrstube Hintereck (mit Notlager), Hintereck 1, 79263 Simonswald, Telefon (07723) 91 33 89, www.hintereck.de

16 Alpine Pfade in wilden Bachschluchten

Gutach, Haslach, Rötenbach

Mittel	16 km	894/712 Hm	5:00 h

Tourenverlauf
Rötenbach – Rötenbach-
schlucht – Haslachschlucht –
Geröllfeld – Hörnle – Röten-
bachschlucht – Krebsgrabenweg – Rötenbach

An-/Abfahrt
Mit dem Zug von Freiburg
beziehungsweise Neustadt
(Titisee-Neustadt) oder von
Donaueschingen zum Bahnhof
Rötenbach. Alternativ Anfahrt
mit dem Pkw.

Ausgangs-/Endpunkt
Bahnhof Rötenbach

Karten
Blumberg/Wutachschlucht/
Donaueschingen, 1:25 000,
Karte des Schwarzwaldver-
eins, W259

Information
Rathaus Friedenweiler, Hauptstraße 24, 79877 Friedenweiler, Telefon (07654) 911 90,
www.friedenweiler.de

Für Felsen, steile und schmale Pfade muss man nicht in die Berge fahren, auch Schluchten können das bieten. Wir erkunden die verwachsene und verwilderte Röten-bachschlucht. Der Weg dorthin führt durch hüfthohe Farn- und Feuchtblumenwiesen. Dann geht's entlang schmaler, felsiger Pfade durch die enge Bachschlucht in die größere Wutachschlucht, über die wir die noch steilere Haslachschlucht erreichen. Über ein Geröllfeld erreichen wir am Ende tolle Panoramaaussichtspunkte.

Unsere Wanderung beginnt am Bahnhof von Rötenbach (824 m) ❶, einem Ortsteil von Friedenweiler. Links vom ehemaligen Bahn-hofsgebäude führt eine Treppe hinunter und bringt uns in den Ellenbergweg (der mit der gelben Raute markierte offizielle Wan-derweg liegt auf der anderen Bahnhofseite). Nach 50 Metern geht ein Wiesenpfad nach rechts ab. Wir überqueren nun eine Wiese (rechts ein Teich) und den Rötenbach, dann geht ein geschotterter

Zu Anfang kommt der Röten-bach noch romantisch daher.

Pfad rechts hinauf zur Rötenbachstraße. Diese Straße führt nun wegzeichenlos aus dem Örtchen hinaus und in den Wald hinein. Rechter Hand fließt der Bach. Nach 1,5 Kilometern auf einem geschotterten Waldweg müssen wir dann gemäß dem Wanderzeichen blaue Raute den Bach überqueren. Nun beginnt eine der schönsten Bachtalwanderungen Deutschlands, obwohl dieser Routenabschnitt noch nicht einmal zum zertifizierten Teil des Schluchtensteigs zählt, der ab der Einmündung in die Wutach beginnt. Das Bachtal ist zuerst noch flach und lieblich. Auf einem unmerklich absteigenden, engen Pfad wandern wir auf der rechten Seite des Gewässers, durch Farnwiesen und entlang von Wassergewächsen und Blumenteppichen. Dann wird das Tal enger und bewaldeter und der Bach wird breiter. Auf den

Hier mündet der Rötenbach in die Wutach.

Anforderungen

In den Schluchten durchgängig schweres T2-Wandern. Wurzelig, rutschig, steinig, stetes Bergauf und Bergab.

Direkt hier führt der Wander-
pfad am Rötenbach entlang.

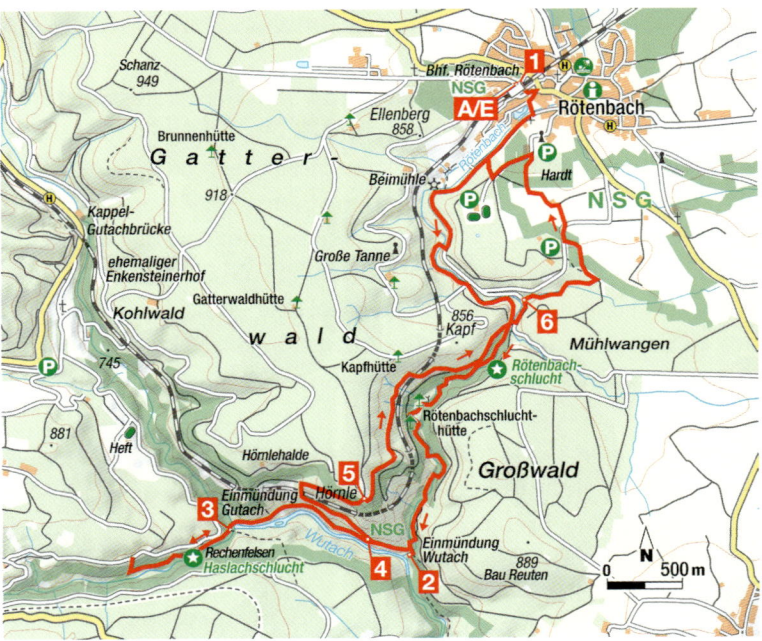

folgenden zwei Kilometern müssen wir den Bach etliche Male auf Stegen überqueren; wir wechseln somit auch die Talseiten. Auf Passagen direkt am Bach folgen steilere Abschnitte, die am Schluchthang entlang, weg vom Bach, bergan und bergab führen. Diese Wegcharakteristik und die Beschaffenheit des Pfades, der zunehmend mit Baumwurzeln und Steinen gespickt ist, machen das Wandern zwar interessant, aber auch, vor allem bei nasser Witterung, anstrengend und gefährlich.

Nach zwei Kilometern mündet der Rötenbach dann in die Wutach ein (715 m) **2**. Hier liegt auch ein wunderschöner Rastplatz, direkt am Wasser in lichtem Uferwald. Die Wutachschlucht ist seit 1939 Naturschutzgebiet und wurde vom Schwarzwaldverein wandertechnisch erschlossen. In den vergangenen 70 000 Jahren hat der Fluss eine bis zu 200 Meter tiefe und 30 Kilometer lange Schlucht in die Landschaft gefräst. Die Schlucht gilt als eine der letzten ursprünglichen Wildflusslandschaften Europas. Jetzt wandern wir weiter auf der rechten Uferseite der Wutach, entgegen der Fließrichtung des Flusses. Relativ schnell erreichen wir den Abzweig nach rechts bergan, Richtung Neustadt, Lenzkirch (blaue Raute mit weißem Mittelstrich). Den merken wir uns, da wir nachher hierhin zurückwandern.

Das Geröllfeld oberhalb der Wutach

Für uns geht es aktuell wiederum auf schmalen, wurzeligen, flussnahen Pfaden bergan und bergab. Bei schwierigen Passagen helfen Stahlseile und Treppen. Wir befinden uns nun auch auf einem Abschnitt des zertifizierten Qualitätswanderweges »Schluchtensteig«. Neben dem »alten« Wanderzeichen des Querwegs Freiburg–Bodensee, der gelb unterlegten rot-weißen Raute, weist ein extra Schluchtensteig-Zeichen darauf hin. Nach knapp zwei Kilometern erreichen wir die Gutacheinmün-

Begehbarkeit

Zur Begehbarkeit der Schluchten nach Schneeschmelze und starken Regenfällen geben das Rathaus Friedenweiler (s. o.) oder Bonndorf Auskunft, Telefon (07703) 938 00, www.wutachschlucht.de

123

dung (720 m) ❸ und überqueren hier diesen Fluss. Hier vereinigen sich die Gutach und die Haslach zur Wutach. Es zieht nun auf einem Waldweg kurz bergan, bevor es an der rechten Seite der Haslach mit den bereits bekannten, alpin anmutenden Wegcharakteristika weitergeht. Kurz darauf passieren wir den Rechenfelsen, bevor wir dann einen Kilometer weiter, nach dem Hölllochfelsen, die Schlucht auf einem steilen Pfad verlassen. Unsere Wegzeichen: Schluchtensteig und gelb unterlegte rot-weiße Raute.

Linke Seite: Die Klamm an der Haslach

Nach kurzem steilem Anstieg machen wir am Haslachtal-Plateau mit Aussichtsbank Pause. Danach wandern wir auf demselben schönen, aber schwierigen Pfad zur Gutach- und Haslacheinmündung zurück, queren die Gutach und sind am vorhin beschriebenen Wegabzweig ❹. Ab hier geht's am Schluchthang entlang bergauf durch den Wald, dann durch ein Geröllfeld, das an den Bahnschienen endet. Durch eine kleine Unterführung gelangen wir zur Wegkreuzung »Finsterbühl« (820 m). Von hier steuern wir bergauf den Aussichtspunkt »Hörnle« (880 m) ❺ an und wenden uns nach rechts (gelbe Raute). 500 Meter weiter ist der Aussichtspunkt mit Panoramabänken erreicht. Kurz folgen wir der gelben Raute nach Rötenbach, doch an der nächsten Wegkreuzung nehmen wir den Forstweg, der nach rechts abgeht und uns nach

Einkehr und Unterkunft

Campingplatz Kirnbergsee, Seestraße 15, 78199 Bräunlingen, Telefon (07654) 75 10, www.campingplatz-kirnbergsee.de

Pension Nachtigall, Ellenbergweg 8, 79877 Friedenweiler, Telefon (07654) 80 64 04

Landgasthöfe Rössle & Co., Hauptstraße 14 u. 18, 79877 Friedenweiler, Telefon (0152) 29 37 93 34, www.roessle-und-co.de

2,5 Kilometern wieder in die Rötenbachschlucht hinunterbringt (dabei die Bahnschienen querend). Hier überqueren wir den Bach und wandern auf dem Lochweg nach links. Wenig später geht nach rechts der Krebsgrabenweg ❻ ab, der entlang eines Baches bergan führt und aus dem Wald stößt. Hier nach links, auf dem Mühlwangenweg weiter, der in den Hartschachweg mündet. Gleich darauf zweigt nach links ein Feldweg ab, der zu einem Pfad wird und durch ein kleines Waldstück und den Sportplatzweg/ Parkplatz Hardt oberhalb von Rötenbach führt. Nun scharf links, an der nächsten Kreuzung kurz nach rechts, um dann den scharf nach rechts unten abgehenden Trampelpfad zu nehmen, welcher uns auf die vom Beginn der Tour bekannte Rötenbachstraße leitet. Zum Bahnhof zurück auf den bekannten Wegen.

17

Alpin am höchsten Berg des Landes

Die ungewöhnlichen Pfade auf der Nordseite des Feldbergs

Schwer	15,7 km	1487/815 Hm	5:40 h

Tourenverlauf

Gasthaus zur Linde – Royal-Engineers-Hütte – St. Wilhelmer Hütte – Todtnauer Hütte – Feldberg – Baldenweger Hütte – Rinken – Zastler Hütte – Hüttenwasen – Gasthaus zur Linde

An-/Abfahrt

Mit den Bussen 7215 und 271 via Krone/Kirchzarten nach St. Wilhelm-Schule/Oberried. Von dort ein Kilometer Fußweg zum Gasthaus zur Linde-Napf. Mit dem Pkw via Oberried zum Gasthaus zur Linde-Napf.

Ausgangs-/Endpunkt

Gasthaus zur Linde-Napf, Oberried/St. Wilhelm

Karten

Titisee-Neustadt/Feldberg/Schluchsee/St. Blasien, 1:25 000, Karte des Schwarzwaldvereins, W258. Der alpine Pfadabschnitt ab der Royal-Engineers-Hütte ist nicht verzeichnet. Wanderfreunde sorgen durch entsprechendes Verhalten und Rücksichtnahme für die weitere Begehbarkeit des Weges, der im Naturschutzgebiet liegt.

Information

Gemeinde Feldberg, Kirchgasse 1, 79868 Feldberg, Telefon (07655) 80 10, homepage@feldberg-schwarzwald.de, www.gemeinde-feldberg.de

Der Feldberg, höchster Berg Deutschlands außerhalb der Alpen, fällt an seiner Nordseite, der Feldberghalde, am steilsten ab. Hier liegen die Blockhalden, Lawinengassen und steilen Pfade, die teils nicht mehr gepflegt und nur durch die Benutzung weniger Berg-Aficionados offen gehalten werden. Da die Feldberghalde ein sensibles, rares Naturschutzgebiet ist, das speziell in Coronazeiten unter Massenansturm gelitten hat, heißt es hier: Man muss nicht alles gehen.

Wir wandern am Gasthof Linde-Napf ❶ (820 m) los und folgen der Straße, die parallel zum St. Wilhelmer Talbach verläuft. Am Wegweiser »Napfmatte« halten wir uns links und bekommen beim Aufstieg zum Hüttenwasen (gelbe Raute) einen ersten schönen Vorgeschmack auf die alpine Wegbeschaffenheit unserer Tour. Kurz vor dem Hüttenwasen erreichen wir die Hüttenwasen-

Schutzhütte, auch Royal-Engineers-Hütte ❷ (1220 m) genannt. Wir sind jetzt schon ein paar Meter zu weit gewandert, doch egal, wir nutzen die Chance zur Pause und sammeln nochmals Kräfte, denn gleich geht es los. Wir folgen am Wegweiser »Hüttenwasen-Schutzhütte« nur ganz kurz (ca. 40 m) dem markierten Weg Richtung St. Wilhelm wieder bergab, dann geht ein unscheinbares Pfädchen nach links in den Bergwald ab. Dass wir richtig liegen, merkt man 150 Meter weiter, wo zwei Schilder mit der Aufschrift »Achtung, gefährliche Wegstrecke« und »Bannwald« auf das kommende Abenteuer hinweisen.

Der Hüttenwasen

Linke Seite: Unser Pfad auf der Nordseite des Feldberges

Anforderungen

Bis zur Royal-Engineers-Hütte T2. Ab da bis zur Todtnauer Hütte T3. Von hier bis zum Feldberg T1 beziehungsweise T2. Der Rest des Weges T2.

Die Begehbarkeit schwankt
zwischen spannend …

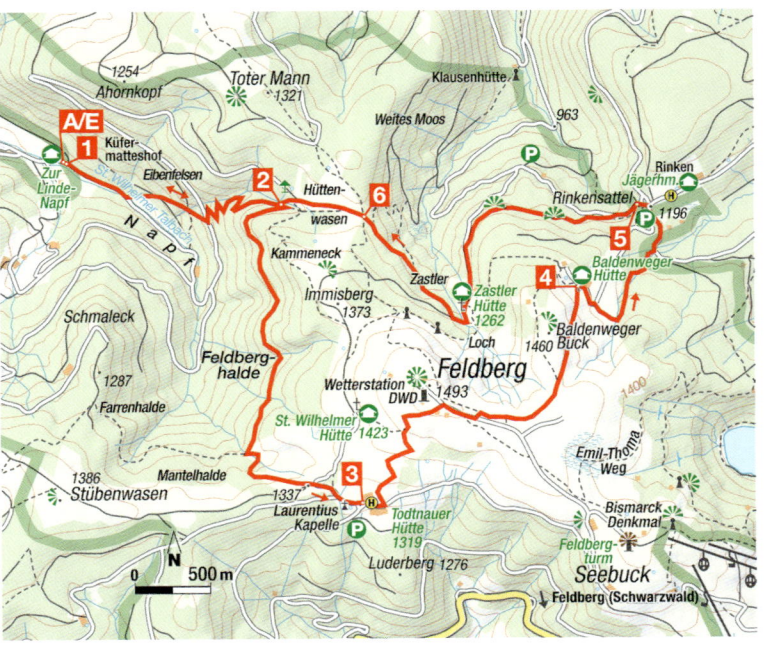

... und sehr schwer zu begehen.

Der vor uns liegende, ungefähr eine Stunde respektive zwei Kilometer dauernde Abschnitt ist Bergwanderspaß pur. Immer wieder wird er durch fantastische Ausblicke ins St. Wilhelmer Tal, die umliegenden Gipfel und kleinere Kniffligkeiten – wie zum Beispiel die sogenannte Schlüsselstelle des Pfades, eine kurze, einfache Kletterei, bei der man auf ein angebrachtes Seil zurückgreifen kann – unterbrochen. Zunehmend behindert Sturmholz (wir befinden uns in Bannwaldgelände) das Fortkommen, und wir müssen über Baumstämme drüber und untendrunter durchklettern. Da links und rechts des Weges zunehmend hohe Gräser, gespeist durch kreuzende Wasserläufe, in den Pfad drängen und ihn quasi überdecken, sieht man manchmal gar nicht, wohin man tritt. Spitze Äste von toten Bäumen ragen auch ständig in den Weg. Nach 1,5 Kilometern wird das Gelände kurzzeitig flacher und sanfter. Wir überqueren einen von links kommenden Bach und erkennen, dass von unserem Pfad ein anderer Pfad

Mehr Wanderspaß

Auf der anderen Seite des Feldbergpasses (B 317) liegen um den Silberberg und das Herzogenhorn auch alpine Wegabschnitte. Die Tour dazu findet man in Band I.

nach links abgeht und zu einer kleinen Weide oder Lichtung im Wald führt, von wo aus man die Todtnauer Hütte ❸ erreicht.

Von hier verläuft der schönere Pfad zum Feldberggipfel (1493 m) hinauf (via St. Wilhelmer Hütte ist das aber auch möglich). Von dort geht's bergab, der blauen Raute zur Baldenweger Hütte beziehungsweise dem Naturfreundehaus Feldberg nach. Achtung: 400 Meter hinter dem Gipfel verzweigt sich unser Pfad. Eine unmarkierte, rechts abgehende alpine Variante führt direkt zur Baldenweger Hütte hinunter. Die andere, mit der blauen Raute markierte Option zum NFH Feldberg. Ab der Baldenweger ❹ Hütte folgen wir dem Sägebach-Steig (Teil des Feldbergsteigs) zum Rinkensattel hinab. Der Steig verläuft rechts der

Unterhalb des Feldbergplateaus

Linke Seite: Blick vom Wanderweg auf den Hinterwaldkopf

Fahrstraße und rechts des Baches und wird über die offenen Weiden rechts der Hütte erreicht. Ab dem Rinkensattel (1195 m) ❺ geht's auf dem alpinen Naturlehrpfad via Obere Bärhalde zur Zastler Hütte. Unser Pfad trifft dabei 200 Meter vor der Hütte auf die Zufahrts-/ Forststraße zu selbiger. Hinter der Hütte wandern wir wenige Meter auf einem Forstweg weiter, danach weist uns die gelbe Raute nach rechts (mit Blicken zum Hinterwaldkopf) zum Hüttenwasen ❻, einer tollen Hochweide, die einen Kilometer später erreicht wird und in Richtung St. Wilhelm/ Hüttenwasen-Schutzhütte/Napf (gelbe Raute) überquert wird. Der Weg ab der Hüttenwasen-Schutzhütte (Royal-Engineers-Hütte) zum Ausgangspunkt der Wanderung ist ja dann bekannt.

Einkehr und Unterkunft

Camping Hochschwarzwald, Oberhäuserstraße 6, 79674 Todtnau, Telefon (07671) 12 88, www.camping-hochschwarzwald.de

Gastaus zur Linde-Napf, Feldbergstraße 14, 79254 Oberried, Telefon (07602) 94 46 90, www.linde-napf.de

Todtnauer Hütte, Todtnauer Hüttenstraße 2, 79868 Feldberg, Telefon (07676) 373, www.todtnauer-huette.de

NFH Feldberg, Am Baldenweger Buck, 79868 Feldberg, Telefon (07676) 336, www.naturfreundehaus-feldberg.de

Baldenweger Hütte, Baldenweger Buck 24, 79868 Feldberg, Telefon (07676) 353, www.baldenweger-huette.com

18

Die Umrundung des Präger Gletscherkessels

Ein toller Weidepfad und die Schweinekopf- und Blößling-Überschreitung

Eine Wanderung wie aus dem Werbeprospekt: Man steht auf einem Gipfel und sieht … nichts als andere Gipfel, Felsen und Wald. Vier Höhepunkte bietet diese Wanderung. Zu Beginn geht es über einen steilen Weidepfad bergan. Um den Hochkopf herum wandern wir auf einem der schönsten Abschnitte des Westwegs. Der Schweinekopf ist terra incognita und wird wegzeichenlos bestiegen. Den Schlussakkord setzt die wundersame, eiszeitliche Landschaft des Präger Gletscherkessels.

Wir starten an der Bushaltestelle Präg/Ortsmitte ❶ (700 m) und wandern der gelben Raute beziehungsweise dem Eulenbachweg bergan hinterher. Der Weidelehrpfad ist von hier 600 Meter entfernt, der Eulenbach plätschert links von uns. Dieser wird nach 500 Metern gequert, dann beginnt kurz darauf auch schon der als »steiler Weg«

Leicht | 18,6 km | 1300/696 Hm | 6:10 h

Tourenverlauf
Präg – Weidelehrpfad – Weisenbachsattel – Hoch-kopf – Präger Eck – Schweine-kopf – Blößling – Gletscher-kessel – Präg

An-/Abfahrt
Ab Bahnhof Kirchzarten mit dem Bus 7215 nach Todtnau. Mit dem Bus 7321 ab Bus-bahnhof Todtnau nach Präg, Rathaus. Oder direkt mit dem Pkw nach Präg.

Ausgangs-/Endpunkt
Haltestelle Präg/Rathaus

Karten
Hochschwarzwald/Naturpark Südschwarzwald, 1:35 000, Karte des Schwarzwaldver-eins, WHS

Information
Tourist-Information Todtnau, Meinrad-Thoma-Straße 21, 79674 Todtnau, Telefon (07652) 120 60, www.hoch-schwarzwald.de/Attraktionen/Tourist-Information-Todtnau

Die Geröllhalde des Schweinekopfs

annoncierte Weidelehrpfad. Diesen wunderschönen Pfad kann man in zwei Abschnitte einteilen. Zuerst geht es in Serpentinen zur Kälberweidfelsenhütte (850 m), wo man einen fantastischen

Der wunderschöne Kammpfad durch den alten Laubwald auf dem Schweinekopf

Ausblick auf den vormaligen Gletscherkessel und die umliegenden Berge hat. Von der Hütte geht es dann fast schnurgerade auf einem schmalen Wiesenpfad gen Herrenschwand. Kurz vor Ende des Pfades treffen wir auf einen schattigen Baum. Hier war für uns die Beschilderung nicht ganz klar, aber da man den Skilift sieht, an dem der Pfad laut Karte

Anforderungen

Die alpinen Abschnitte sind durchgehend mit T2 zu bewerten. Der lange Abstieg gegen Ende der Wanderung vom Blößling nach Präg geht auf die Knie. Wenig aufregend sind die Forstwege, die als Überbrückung zwischen den spannenden Pfaden genutzt werden müssen.

Auf dem Weidelehrpfad

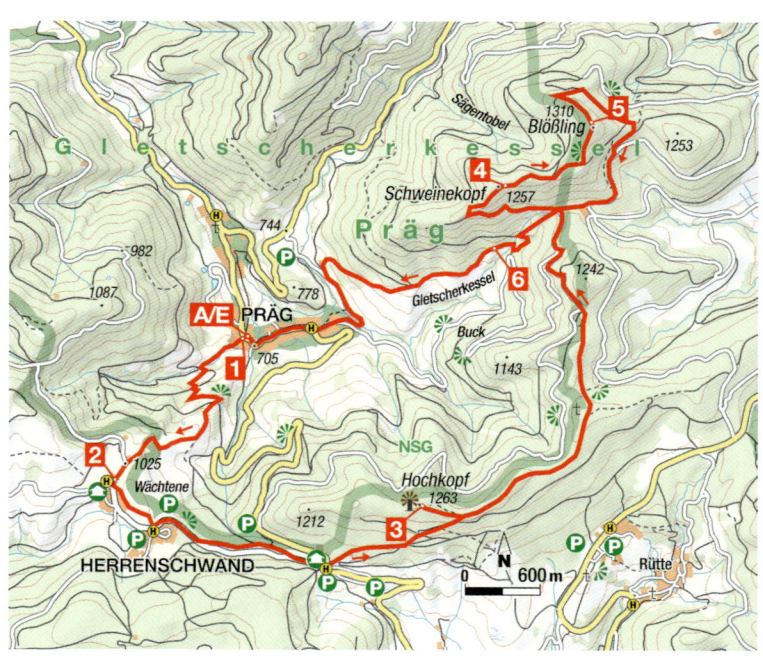

endet, hält man einfach auf diesen zu. Damit wir nicht dem Wegzeichen durch Herrrenschwand ❷ (1025 m) folgen müssen, halten wir in Höhe des Liftes nach einem Wiesenweg Ausschau, der links abgeht. Diesem folgen wir, oberhalb des Dörfchens verlaufend, zum südlichen Ortsausgang. Dort taucht nun die blaue Raute an einem Baum auf.

Um zum nächsten Pfad zu gelangen, müssen wir leider etwa 500 Meter an der linken Straßenseite der K 6304 wandern, dann zweigt unser Wanderweg nach links ab und verläuft unterhalb von diesem Sträßchen bis zum Weißenbachsattel und dem Hochkopfhaus (1080 m) weiter. Am Hochkopfhaus überqueren wir die L 151 und treffen auf die berühmte rote Westwegraute, die uns unspektakulär zum Hochkopf (1263 m) ❸ hinaufführt. Ein Stichweg geht zum Aussichtsturm hinauf und von da zurück. Nun beginnt einer der schönsten Westwegabschnitte überhaupt. Auf schmalen Pfaden wandern wir über einen bewaldeten Berggrat. Zweimal zweigen übrigens kurze Stichpfade nach links zu Aussichtsbänken ab – nicht entgehen lassen! Nach drei Kilometern ist dieser Abschnitt am Wegweiser »Zinken« (1100 m) leider zu Ende. Auf den folgenden zwei Kilometern wandern wir nun auf etwas langweiligen Forstwegen der gelben und roten Raute nach, zuerst zum Präger Eck (1095 m – vorderer Wegweiser) und von dort wegzeichenlos nach links zum Einstieg der Schweinekopf-Überschreitung ❹.

Unsere Route führt durch den Präger Gletscherkessel.

An der ersten Forstwegabzweigung nach rechts beginnt diese. Rechter Hand führt wohl einer der steilsten Holzabfuhrwege bergan auf das schmale Plateau des Berges. Dieser endet abrupt nach 400 Metern. Nun leitet uns ein Pfad über einen der schönsten Berge des Schwarzwaldes. Das ist er nicht nur wegen des kleinen

Geröllfeldes nach 400 Metern, sondern auch wegen des für den Schwarzwald ungewohnten alten Laubbaumbestandes. So muss der Schwarzwald wohl vor seiner Abholzung und Wiederaufforstung ausgesehen haben. Der Pfad tritt aus dem Wald und stößt auf einen Forstweg. Nicht nach links wandern, sondern geradeaus, und wenig später treffen wir auf den Wegabzweig (rote Raute) zum Blößling ❺ hinauf. Hinter dem Gipfel wird der Weg wieder etwas wilder. Nach 700 Metern zweigt ein Forstweg nach rechts ab. Diesen nehmen wir und wandern 800 Meter auf der Ostseite des Berges, bis wir erneut auf den Westweg und den Pfadabzweig Richtung Präg treffen.

Anstieg zur Kälberweid-felsenhütte

Linke Seite: Einer der schönsten Teilabschnitte des Westweges liegt hinter dem Hochkopf.

Es geht steil bergab und wir stoßen auf den Wegweiser »Präger Eck« (nicht verwirren lassen – es ist der hintere Wegweiser). Von diesem geht es nun auf einem Forstweg zum vorderen Wegweiser »Präger Eck«. Jetzt folgt ein letzter, wundervoller Wegabschnitt, der uns steil bergab in den ehemaligen Gletscherkssel ❻ mit seiner wundersamen Landschaft führt (gelbe Raute). Auf 2,5 Kilometern geht es zuerst durch den Wald, dann entlang des Waldsaumes zum Wegweiser »Ellenbogen« (hier links). Präg liegt direkt unter uns, und der kleine Ort ist wenig später am östlichen Ortseingang erreicht. Via Grabenstraße und Hochkopfstraße wird er für einen Kilometer durchwandert, dann treffen wir auf den Ausgangspunkt unserer Wanderung und können den Füßen im klaren und kühlen Gebirgswasser des Erlenbaches eine Abkühlung gönnen.

Einkehr und Unterkunft

Camping Schönenbuchen, Friedrichstraße 58, 79677 Schönau, Telefon (07673) 76 10, www.camping-schoenau.de

Waldhotel Auerhahn – Hochkopfhaus, Hochkopf 1, 79674 Todtnau, Telefon (07674) 437, www.waldhotel-auerhahn.com

Hotel Sonnenhof , Hochkopfstraße 1, 79674 Todtnau-Präg, Telefon (07671) 538, www.landhaus-sonnenhof.de

Gasthaus Hirschen, Wachtstraße 6, 79674 Todtnau-Präg, Telefon (07671) 296, www.hirschen-praeg.de

19 Der spannendste Abschnitt des Schluchtensteigs

Unterwegs im unteren Talabschnitt der Wehraschlucht

Mittel	15,7 km	769/417 Hm	6:00 h

Tourenverlauf
Au – Pfeiferskopf – Wehratalbrücke – Wildenstein – Mettlerhütte – Mettlerhalde – Wehratalsperre

An-/Abfahrt
Mit der Bahn ab Waldshut zum Bahnhof Wehr-Brennet. Von dort mit dem Bus 7335 nach Wehr (Busbahnhof). Mit dem Bus 7320 ab Busbahnhof Richtung Todtmoos bis Haltestelle »Au«.

Ausgangspunkt
Haltestelle Au/Todtmoos

Endpunkt
Haltestelle Kraftwerk/Wehratalsperre

Karten
Wehr, 1:25 000, Topographische Karte 8313 oder Hochschwarzwald/Naturpark Südschwarzwald, 1:35 000, Karte des Schwarzwaldvereins. In beiden Karten ist der Abstecher zum Wildenstein nicht verzeichnet.

Information
Tourist-Info Wehr, Hauptstraße 14, 79664 Wehr, Telefon (07762) 80 86 01, www.wehr.de/de/freizeit-gaeste/touristinformation/aktuelles

Wer von Todtmoos das Sträßchen entlang der wilden Wehra nach Wehr hinunterfährt, kann zwischen steilen Felsen und Schluchtwänden erahnen, dass hier Wege verlaufen, die jedes Alpinistenherz höher schlagen lassen. Es sind alte Jägerpfade, Holzfällerwege und Bergbauernabkürzungen, die sich in die steilen Talwände krallen wie der letzte Abschnitt des bekannten Schluchtensteigs. Alpines Highlight ist der tolle Abstecher zum Gipfelkreuz des schroffen Wildensteins.

Der Beginn der Wanderung liegt an der Haltestelle Au ❶ (680 m) im gleichnamigen Weiler, der zu Todtmoos gehört. Das Schluchtensteigzeichen leitet uns wenige Meter an der L 148 zurück, bevor ein Forstweg bergan führt. In einem halbstündigen Eilmarsch überbrücken wir dieses etwa drei Kilometer lange, etwas langweilige

Wegweiser des Schluchtensteigs

Teilstück (Schwandhaldenweg), bevor der Schluchtensteig pfadig und toll wird und oberhalb des Hirschfelsens zum Pfeiferskopf ❷ hinaufführt, von wo man einen tollen Ausblick ins steil abfallende Tal hinunter hat. Das kleine Gebäude, das man an der Straße sieht, ist übrigens ein Kleinkraftwerk (unterhalb Lochmühle/Gersbach).

Der Schluchtensteig führt uns nun in den Sägbachtobel hinein und entlang des Baches geht es hinunter zur alten Wehratalbrücke (560 m) ❸, an der auch eine Bushaltestelle liegt. Wir überqueren die L 148. Linker Hand findet der Wehratalweg/Schluchten-

Anforderungen

Der Schluchtensteigabschnitt ist mit T2/T3 zu bewerten. Trittsicherheit, Schwindelfreiheit, Orientierungssinn und Kondition sind gefordert. Der Abstecher zum Wildenstein ist T4.

Auf dem Schluchtensteig, hinter
der alten Wehratalbrücke

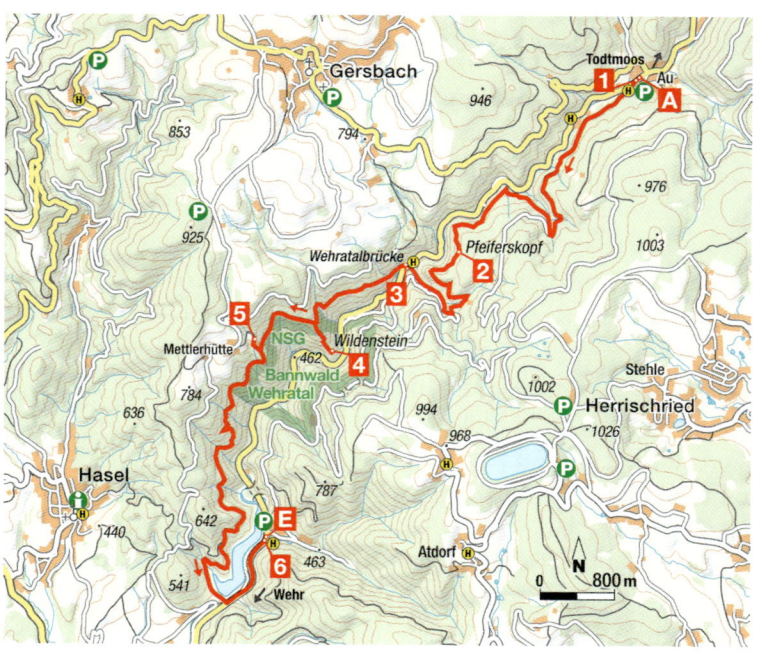

Kletterei am Wildenstein

steig seine Fortsetzung. Ein schmaler Pfad führt uns nun in die andere Schluchtseite hinein. Es geht erst bergauf, dann verläuft der Weg auf circa 700 Höhenmeter im Bergwald weiter. Nach etwa 1,5 Kilometern zweigt unscheinbar ein unmarkierter Trampelpfad nach links hinunter in den Berghang ab. Erst gemächlich, dann immer steiler steigen wir circa 100 Höhenmeter bergab und passieren einige Felsgruppen und als Markierung gedachte unscheinbare, kleinere Steinmännchen beziehungsweise aufgehäufte Steine, bevor wir auf den Wildenstein ❹ (570 m) treffen, dessen Gipfelkreuz

Praktische Hinweise

Die beste Zeit für den Pfad ist in schneefreien Wintermonaten oder von April bis Ende Juni und Oktober/ November. Wer es kurz mag (nur rund zwei Drittel der Strecke), fährt mit dem Bus bis zur Haltestelle Schluchtensteig an der alten Wehratalbrücke. Hier gibt es auch einen Pkw-Parkplatz.

141

Die Talsperre am Ende der Tour

Rechte Seite: Auf dem Wildenstein

von der steil unter uns liegenden Fahrstraße bei der Anfahrt gut zu erkennen ist. Eine kurze Kletterei, die eigentlich gut zu bewerkstelligen ist, aber für Ungeübte etwas Überwindung kostet, bringt uns auf das Felsplateau, auf dessen linker Seite das Kreuz aufgestellt ist (und um die Osterzeit von Wehrer Pfadfindern gepflegt wird). Nach einer kurzen Pause und Erkundung des Felsplateaus geht es dann auf dem gleichen Pfad zurück zum Wehratalweg/Schluchtensteig. Die kurze Kletterei gilt es nun als Abstieg zu bewerkstelligen! Zurück auf dem Schluchtensteig passieren wir eine halbe Stunde später den Abzweig zur Mettlerhütte. Der Pfad dahin ist toll, deshalb machen wir einen kurzen Abstecher zur Mettlerhütte ❺ und machen dort Pause. Zurück auf dem Steig durchwandern wir die Mettlerhalde und steuern dahinter bereits die Talsperre an. Es geht darum stetig leicht bergab. Der Schluchtensteig endet an der schmalen Südseite des Stausees (419 m). Um zur Haltestelle Kraftwerk ❻ zu gelangen, müssen wir deshalb an der östlichen Seite des Sees rund 500 Meter Richtung Todtmoos entlangwandern.

Einkehr und Unterkunft

Camping Schwörstadt, Hauptstraße 1a, 79739 Schwörstadt, Telefon (07762) 85 14, www.zeltplatz-schwoerstadt.de

Klosterhof Wehr, Frankenmatt 8, 79664 Wehr, Telefon (07762) 520 90, www.klosterhofwehr.de

Landgasthof Sonne, Enkendorfstraße 38, 79664 Wehr, Telefon (07762) 84 84, www.hotel-sonne-wehr.de

Ferienwohnung Höfgarten, Höfstraße 6, 79664 Wehr, Telefon (07762) 27 23

20 Kann man am Bodensee Höhenangst bekommen?

Sporne und Schluchten auf dem Bodanrück

Schwer | 10 km | 669/397 Hm | 3:35 h

Tourenverlauf
Bodman – Ruine Altbod-
man – Kloster Frauenberg –
Steilanstieg Sigmunds-
ruhe – Sporn – Unter der
Sigmundsruhe – Bodman

An-/Abfahrt
Mit der Bahn von Überlingen
nach Ludwigshafen. Von dort
mit dem Bus U105 nach Bod-
man/Ortsmitte. Oder mit dem
Bus 100 von Überlingen direkt
nach Bodman (Kapelle). Am
Ortseingang von Bodman gibt
es kostenlose Pkw-Parkplätze.

Ausgangs-/Endpunkt
Bodman, Seestraße, Tourist-
Info/Haltestelle

Karten
Westlicher Bodensee/Höri/Bo-
danrück, 1:35 000, Karte des
Schwarzwaldvereins, WWB.
Der T4-Sporn/-Grat ist nicht
verzeichnet.

Information
Tourismus-Info Bodman-
Ludwigshafen, Hafenstraße 5,
78351 Bodman-Ludwigshafen,
Telefon (07773) 93 00 40,
www.bodenseepur.de

Nachdem die Marienschlucht wegen Unfallgefahr erst mal gesperrt ist, muss man sich im »bergigsten« Wanderrevier des Sees, dem Bodanrück, ganz neu orientieren. Aber der aus butterweicher Molasse bestehende Höhenzug produziert zwischen Bodman und Wallhausen einige andere tief eingeschnittene Tobel, schartige Grate und imposante Steilufer, die zum Bodensee abbrechen. Die Höhenmeter summieren sich bei unserer Tour dabei ganz schön, da wir einige Male auf den Molasserücken hinaufwandern und zum See wieder absteigen.

Start der Tour ist die Tourist-Information/Haltestelle Ecke Kaiserpfalzstraße/Seestraße in Bodman (400 m) ❶. Via Kaiserpfalzstraße erreichen wir die Straße Am Königsweingarten und wandern auf dieser zum Ortsrand bergan. Gleich darauf zweigt am Wegweiser »Hintertal« nach links der Pfad zum Kloster Frauenberg ab (gelbe Raute). Wir folgen aber dem blauen Punkt mit schwarzem Rand

Unterwegs auf dem Sporn

Eine der zwei schwierigsten
Stellen auf dem Sporn

(Bodensee-Wanderweg) steil bergan zur Ruine Altbodman, die nach zwei Kilometern erreicht ist und fantastische Ausblicke auf den Überlinger See gewährt. 400 Meter weiter, am Wegweiser »Schloßhalde« (652 m) ❷, können wir entscheiden, ob wir eine Rast in der urigen Bisonfarm einlegen, die 100 Meter weiter auf dem Bodanrücken liegt, oder unsere Tour fortsetzen und mit der gelben Raute über das Kloster Frauenberg wieder zum See hinuntersteigen.

Der Abstieg ist steil auf ausgewaschenen Molasse-Pfaden. Entlang der Serpentinen verläuft ein schöner Kreuzweg. Das Kloster Frauenberg ❸ wird übrigens von einem nur aus Frauen bestehenden Laienorden bewohnt und bewirtschaftet. Kurz vor Erreichen des Tals zweigt ein unmarkierter Pfad nach rechts ab und führt

Anforderungen

Die Wanderung wegen der Beschaffenheit des Molasse-Erdreichs unbedingt nur nach längeren trockenen Phasen machen. Die Pfade zur Ruine Altbodman, zum Kloster Frauenberg und zur Sigmundsruhe sind steil, aber eigentlich problemlos zu meistern (T1). Der Sporn dagegen ist quasi ein Quantensprung (schweres T4) und sollte nur begangen werden, wenn man absolut schwindelfrei und trittsicher ist und bereits Erfahrung im alpinen Bergwandern gemacht hat. Man kann den Sporn auch nur teilweise begehen, dann umkehren und auf dem Sigmundsruhepfad wieder zum See hinunterwandern.

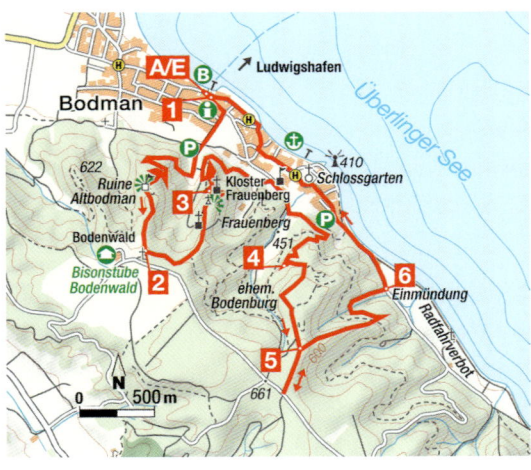

parallel zum Hang in die Verlängerung der Schloßstraße. Wenige Meter weiter geht sofort wieder ein Pfad nach rechts in den Wald ab, führt kurz durch diesen, passiert dann rechter Hand eine tolle Weidewiese, um dann wieder in den Hangwald zu führen. Gleich darauf verzweigt sich der Pfad.

Eine Alternative führt nach Bodman hinunter, die andere geht rechts ab, an einem privaten Gedenkstein vorbei, und firmiert unter »Weg zum Bodenwald – schwer«. Außerdem wird auf einen Aussichtspunkt hingewiesen. In

steilen Serpentinen und teilweise mit Hilfe von Stufen geht es nun bergan. Oben angekommen (620 m) ❹ wartet ein Bänkchen auf uns, von wo man einen tollen Blick auf das Kloster Frauenberg hat. Die in der Karte verzeichnete Sigmundsruhe, ein ehemaliger Aussichtspunkt, ist uninteressant, weil zugewachsen. Nun folgen wir dem leicht verwilderten Waldweg, der hinter der Aussichtsbank beginnt. Dieser mündet in einen breiten Forstweg, dem wir nach rechts bis zur nächsten T-Kreuzung 400 Meter weit folgen. Jetzt sind wir eigentlich schon zu weit, aber um unseren Spezialsporn zu finden, ist der Einstieg von hier aus besser zu entdecken. Wir kehren also um und sehen linker Hand an einem der Bäume das gleiche Holzschild, das im Tal hängt und auf den schweren Weg zum Bodenwald hinweist. Wir halten uns auf dem Forstweg am rechten Rand. Ein paar Meter weiter fällt die Ebene hier steil zum Bodensee ab. Der Forstweg beschreibt eine moderate Linkskurve. Hier wandern wir geradeaus in den Wald hinein. Rechter Hand die Abbruchkante, geradeaus vor uns auch. Genau dazwischen beginnt nun der

Blick vom Kloster Frauenberg

Linke Seite: Der Abstieg zum See gleicht mehr einer Dschungeldurchquerung.

Echoschlucht

Wer schon mal in der Gegend ist, sollte sich die Echoschlucht anschauen. Aktuell ist die Schlucht nicht gesperrt, aber die Zugangsschilder sind vor Ort abmontiert, weil durch einen Hangrutsch Bäume auf den Zugangspfad gefallen sind. Ein erfrischendes Bad im Bodensee in Bodman ist ein Muss.

Grat im lichten Wald **❺**. Auch an dem Trampelpfad erkennbar, den andere Bergwanderer zum Grateinstieg hin durchs Begehen geschaffen haben.

Der Kammpfad ist die absolute Wucht. Etwa 50 Zentimeter breit, geht es mal auf der linken, mal auf der rechten, mal auf beiden Seiten steil hinunter. Der Pfad selbst führt in Stufen bergab. Die Beschaffenheit ist wurzelig und

Die andere Schlüsselstelle. Sieht harmloser aus, als es ist.

Linke Seite: Pause am Kloster Frauenberg

ausgewaschen. Für uns gab es gegen Ende des Grates zwei jeweils etwa fünf Meter lange Stellen, die wirklich Überwindung gekostet haben und die wir uns erst beim zweiten Mal getraut haben zu gehen. Im Nachhinein betrachtet kein Klacks, aber eigentlich gut zu meistern. Jedoch wenn man das erste Mal davorsteht eben nicht so einfach. Zum Schluss endet der Gratpfad auf einem abfallenden Waldplateau und leitet uns zu einer steilen Böschung hinunter, die auf dem Hosenboden bewältigt wird. Dann steht man auf einem renaturierten Forstweg, der zwischen zwei Waldstücken liegt und komplett zugewuchert ist. Links halten.

Hätten sich Vorwanderer vor uns nicht durch das Dickicht gekämpft, wäre eine Orientierung schwer. So aber folgen wir durch mannshohen Bewuchs dem Trampelpfad bergab und fühlen uns wie im Dschungel. Der Pfad beschreibt eine gemütliche Rechtskurve und führt in ein Waldstück. Hier wird der Bewuchs weniger und der Forstweg gut erkennbar. Der Forstweg mündet in einen Fahrrad- und Wanderweg **❻**. Hier halten wir uns links und treffen kurz darauf, am Wegweiser »Alte Pumpstation« (401 m), auf den See. Links halten und 20 Minuten später (Im Gries/Kaiserpfalzstraße/Seestraße) sind wir an der Uferpromenade von Bodman und springen in den glasklaren See.

Einkehr und Unterkunft

Campingplatz Schachenhorn, Radolfzeller Straße 23, 78351 Bodman-Ludwigshafen, Telefon (07773) 937 68 51, www.camping-schachenhorn.de

Bisonstube Bodenwald, Hofgut Bodenwald 1, 78351 Bodman-Ludwigshafen, Telefon (07773) 50 90, www.bisonstube-bodenwald.de

Gästehaus Wagner, In der Stelle 42, 78351 Bodman, Telefon (07773) 13 18, www.gaestehaus-wagner.de

Gästehaus Meier, Untere Schloßhalde 21, 78351 Bodman, Telefon (07773) 55 13

Extra

Ein leichter und ein sehr, sehr kurzer Klettersteig

I: Der Engelsberg-Klettersteig

An-/Abfahrt
Mit Bus und Bahn nach und ab Bühl Bahnhof. Weiter mit den Buslinien 263, 264 oder in Bühlertal mit der Linie 281 bis zum Schwimmbad. Mit dem Auto: A 5, Ausfahrt Nr. 52 Bühl. In Bühlertal zur Tourist-Information (Hauptstraße 92). Parkplätze beim Schwimmbad und an der Tourist-Information.

Information
Förderverein Engelsberg Bühlertal e. V., Liehenbach-straße 67, 77830 Bühlertal, Telefon (07223) 77 30, www.buehlertaeler-engelsberg.de und Tourist-Information Bühlertal, Haupt-straße 92, 77830 Bühlertal, Telefon (07223) 996 70, www.buehlertal.de

Der Engelssteig ist ein Wanderweg (1,5 km lang) mit sehr kurzem Klettersteig auf dem Engelsberg, dem Hausberg von Bühlertal im Schwarzwald. Der Steig liegt am Fuße des Engelsberges, führt durch eine der steilsten Weinberglagen Europas und ist vom 1. April bis 31. Oktober frei begehbar. Der Beginn liegt bei der kleinen Treppe gegenüber der Statue eines Engels bei der Tourist-Information. Wer den Wanderweg auf T1-Niveau und den Klettersteig geht, ist rund 40 Minuten unterwegs. Anhängen kann man beispielsweise den sogenannten Emil-Kern-Rundweg, der oberhalb des Engelssteigs verläuft und mit der Lourdesgrotte und der Emil-Kern-Hütte zwei kleine Sehenswürdigkeiten aufzuweisen hat. Der Förderverein Engelsberg hat diesen schönen Wanderweg mit Klettersteigein-lage relativ neu und mit viel Liebe unter Eigenregie angelegt. Der Wanderweg verbindet Einblicke in den Weinbau wie Trockenmau-erbereiche und historische Einzelstockrebanlagen (Spätburgunder) mit interessanten Felsformationen und einmaligen Ausblicken. Der eigentliche Klettersteig ist sehr kurz und in weniger als fünf Minuten zu bewältigen. Eine gute Beschilderung vor Ort erübrigt das Mitführen von Kartenmaterial. Eine Klettersteigausrüstung ist ebenfalls nicht notwendig.

Die Begehung des Steigs ist bei Regen, Sturm und Gewitter verboten. Die Rutschgefahr ist zu groß und in Teilbereichen herrscht Steinschlaggefahr. Das geschieht auch im Sinne des Schutzes der Grundstücks-eigentümer, die dankenswer-terweise Teile ihrer »Stückle« für die Errichtung des Steiges zur Verfügung gestellt haben. Das Tragen von festem, rutsch-festem Schuhwerk ist absolut notwendig.

Rechte Seite: Das ist der schwerste Teil des Miniaturklettersteigs.

II: Der Katharinenfluh-Klettersteig

Gerüchte und Vermutungen gab es schon lange. Aber erst in den vergangenen Jahren hat sich in der Outdoor-Community die Gewissheit durchgesetzt, dass es diesen Steig wirklich gibt. Landschaftlich toll direkt am beziehungsweise über dem See gelegen, ist der in die Seehalde gebaute Steig nicht sehr anspruchsvoll, macht aber gerade deshalb total Spaß und ist vor allem für Anfänger und Kinder als angstfreies Übungsgelände sehr gut geeignet, zumal man danach noch baden gehen kann.

Um an den Startpunkt des Klettersteigs zu gelangen, ist etwas Orientierungssinn gefragt. Man quert die Staumauer und stößt auf einen Wegweiser mit sage und schreibe 31 angeschlagenen Wegzielen. Für uns ist der Wegweiser irrelevant, wir müssen einfach ungefähr 30 Meter (von der Staumauer kommend) geradeaus ohne Wegzeichen in den Wald hineinmarschieren. Dann geht nach rechts ein Pfad ab (den Pfad, der auf der Karte gestrichelt zu sehen ist, können wir nach dem Klettersteig weiter erkunden – er führt über den Berg zum See), der uns auf einem zuwachsenden Pfad durch einen tollen Wald mit Felsbrocken zu einem ehemaligen Steinbruch leitet, aus dem früher das Material für den Stauseebau gewonnen wurde. 100 Meter weiter liegen die zwei Einstiege des Steigs, der x-förmig angelegt ist. Die zwei Routen treffen sich in der Felsmitte, um dann wieder bis zu den Ausstiegspunkten auseinander zu laufen. Oben angekommen bemerkt man nun auch die Anschlagpunkte für die reinen Kletterer. Erfahrene Alpinisten benötigen nicht unbedingt ein Klettersteig-Set, Anfänger schon.

An-/Abfahrt
Mit der Bahn bis zur Station Seebrugg am Schluchsee. Das ist die Endstation der Höllentalbahn von Freiburg nach Seebrugg. Von dort zu Fuß zum etwa 1,5 Kilometer entfernten Ende des Sees oder der Staumauer beziehungsweise mit dem Bus zur Haltestelle Staumauer. Oder mit dem Pkw direkt vor Ort. Direkt an der Staumauer gibt es Parkplätze entlang der B 500.

Karten
Freizeitkarte 509, Waldshut-Tiengen, Schluchsee, 1:50 000, Landesvermessungsamt Baden-Württemberg, 2001. In dieser alten Karte ist das Gebiet des Klettersteigs noch als Klettergebiet ausgewiesen. Zudem sind interessante Pfade verzeichnet, die nach der Klettersteigerkundung Lust machen, die kaum frequentierte Ecke des Schluchsees weiter zu erforschen (Nord-Süd-Überquerung der Seehalde, Kreuzfelsen). Wer die Karte nicht auftreiben kann, hat mit der Karte hier im Buch und dem downloadbaren GPX-Track auch eine gute Orientierungsmöglichkeit.

Information
Tourist-Information Schluchsee, Fischbacher Straße 7, 79859 Schluchsee, Telefon (07652) 12 06 85 00, www.gemeinde-schluchsee.de/Freizeit/Tourismus

Linke Seite: Wie bekommt man nur den Vierbeiner hinauf?

Zugabe

Wie am Ende des ersten Bandes möchte ich die geneigte Leserschaft aufrufen, mit mir ins Gespräch zu kommen. Ich habe auf diesem Weg viele tolle Hinweise auf neue Pfade oder Varianten zu bestehenden Touren bekommen. Ich konnte aber auch Missverständnisse bei Wegbeschreibungen ausräumen und kritische Hinweise in das neue Buch und die Neuauflage des ersten Bandes mit einfließen lassen. Gerade Bücher, die Pfade beschreiben, die schwer zu finden und in Vergessenheit geraten sind, profitieren vom Austausch Gleichgesinnter. Im Übrigen sammle ich bereits Material für einen weiteren Band. Mal schauen, wo das hinführt.

Auf ein Paradoxon sei ganz zum Schluss hingewiesen: *Auf unseren Wanderungen haben wir festgestellt, dass es in Deutschland praktisch keinen Platz gibt, der noch nicht von Menschen entdeckt und erobert wurde. Auf den unwegsamsten Wegpassagen, an den unwirtlichsten Plätzen, am steilsten Fels haben wir Spuren von Menschen und ihren Hinterlassenschaften vorgefunden. Selbst über einen Motorradhelm in einer Geröllhalde sind wir gestolpert – 10 Kilometer von der nächsten Straße entfernt. Der Entdeckerdrang des Menschen bringt für die Natur, die er sucht und liebt, also nicht unbedingt Vorteilhaftes mit sich. Deshalb begehen wir unsere Pfade, die sich manchmal in Landschaftsräumen befinden, die gerade durch Flora und Fauna zurückerobert werden, mit Bedacht, Respekt und freundlicher Neugier gegenüber dieser Natur. Wir haben zudem bei jeder Wanderung eine Tüte mit dabei, um den gröbsten Müll einzusammeln und am nächsten Mülleimer zu entsorgen. Nur manche unserer wilden Pfade haben das Glück, von einem rührigen Wegewart der Mittelgebirgsvereine quasi adoptiert worden zu sein und gepflegt zu werden. Wir haben es uns deshalb zur Gewohnheit gemacht, einen kleinen Beitrag zur Wegpflege zu leisten und die Sachen aus dem beziehungsweise vom Weg zu räumen, die schnell und problemlos bewältigt werden können – kleinere Äste, Laubansammlungen, rutschige Pflanzenreste …*

Philipp Sauer

Es kann sich lohnen, unmarkierte
Stichpfade zu erkunden.

Register

A
Abenteuerweg 108, 113
Albstadt-Lautlingen 80
Anwandfels 44, 47

B
Bad Boll 56
Bad Überkingen 50
Bad Urach 74
Baldenweger Hütte 131
Birkfelsen 114, 117
Bismarckfels 44, 47
Blößling 132, 137
Bodanrück 144
Bodensee 144
Bodman 144, 147, 149
Brockenfelsen 98
Bubensteig 86, 90

D
Dachsstein 92
Dobel 92, 97
Donau 89, 91
Donautal 86, 90
Dschungel 56

E
Eckenfelsen 102, 105
Eckwälden 56
Elsbethhütte 92
Engelssteig 17, 100, 150

F
Falkenfelsen 98, 100, 101
Feierabendfelsen 108, 111
Feierabendfelsenpfad 111
Feldberg 126, 131
Felsenmeer 32, 85
Felsental 44
Felsgrat 68, 69
Felssporn 68
Franz-Göttler-Weg 113
Frommern 80, 85

G
Geislingen 44, 47, 49
Geldmacherklinge 38, 43
Gräbelesberg 80, 83
Gutach 108, 125
Gütenbach 114, 119

H
Haslach 120, 125
Hausener Wand 50, 51, 53
Herrenschwand 133, 135
Hertahütte 98, 100
Himmelsfelsen 44
Hintereck 115, 119
Hirschbachwasserfälle 117, 119
Hochkopf 132, 135
Hohwartfelsen 117
Hornberg 108, 109
Hörnle 80, 85, 125
Hossinger Leiter 80, 81
Hüttenwasen 126, 131

I
Immelsbacher Höhe 108, 110

J
Jägerhaus 86, 89, 91
Jungfraufels 51

K
Kälberweidfelsenhütte 133
Katharinenfluh 18, 153
Klettersteig 17, 18, 150, 153
Kloster Frauenberg 144, 145
Knopfmacherfelsen 86
Kunstmühlefels 79

L
Laibfels 89
Langmartskopf 92, 97
Lautenbach 92, 95
Lautenfelsen 92, 93, 95

Im hinteren Donautal

M

Maisach 107
Maisacher Grat 102, 107
Mettlerhütte 143
Michelskäppele 77

N

Naturfreundehaus Feldberg 131

O

Oberer Schlossfelsen 113
Oberlenningen 62, 67
Ödenturm 44, 49
Odenwald 32
Oppenau 102, 107

P

Pfaffmühle 115
Pfeiferskopf 139
Pfingstberg 68, 70
Plättig 98
Präg 132, 137
Präger Gletscherkessel 132

R

Rappenfelsen 113
Rinkensattel 131
Rockertfelsen 92
Rötenbach 120, 125
Royal-Engineers-Hütte 126,
    127, 131
Ruine Altbodman 144, 145
Ruine Helfenstein 44
Ruine Kallenberg 90
Ruine Sperberseck 68, 71
Ruine Stolzeneck 37

S

Schlattstall 68
Schluchsee 18, 153
Schluchtensteig 123, 138,
    139, 143

Schweinekopf 132
Simonswäldertal 114
Sperberloch 86
Stiegelesfels 86

T

Teichschlucht 115
Teufelsküche 86, 91
Teufelslochbach 61
Teufelsmühle 92, 95
Tobelfelsen 63
Tobeltal 62, 64
Todtmoos 138
Todtnauer Hütte 131
Triberg 108, 111, 113

U

Unterer Schlossfelsen 113
Urwaldpfad 32, 37

W

Wäldersteig 114, 119
Wehr 138
Wehra 138
Welzheim 38, 41, 43
Westweg 135
Wielandstein 62
Wieslaufschlucht 38
Wilde Gutach 114, 119
Wildenstein 138, 141
Wildnispfad 97
Windeckfelsen 108, 110
Wolfsschlucht 32, 35
Wutach 121, 123, 125

Z

Zastler Hütte 131
Zickzackweg 95
Zweribacher Wasserfälle 114
Zwingenberg 32, 35, 37

In gleicher Reihe erschienen ...

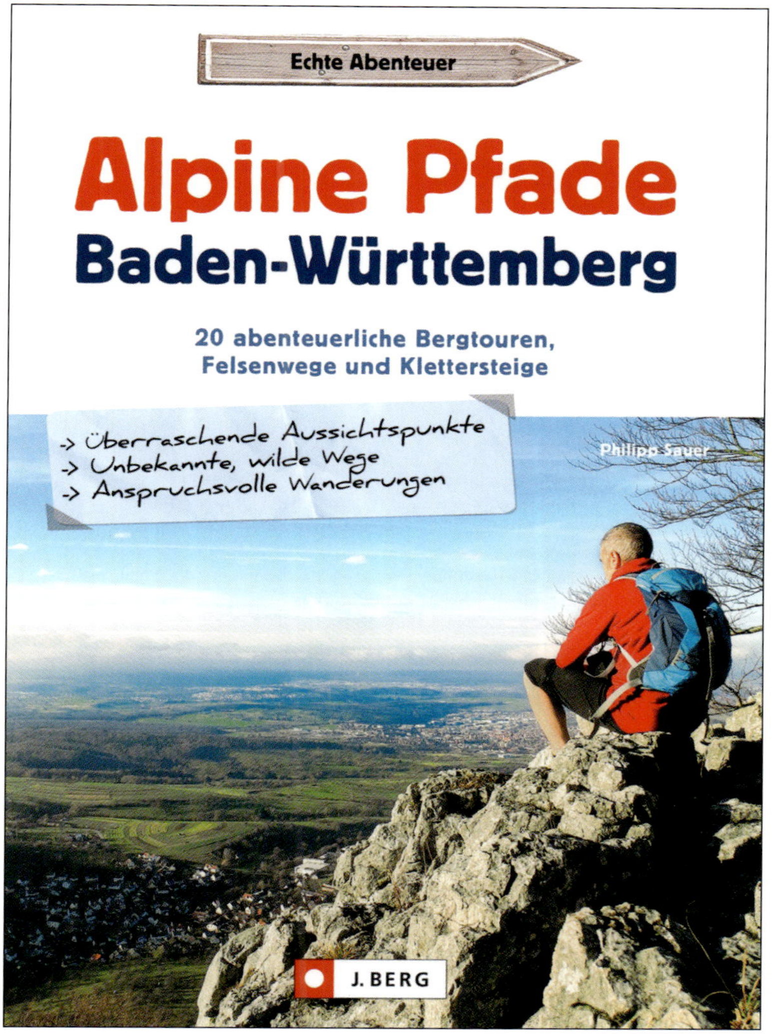

ISBN 978-3-86246-732-7

Wer Wander-Herausforderungen sucht, muss nicht weit verreisen – es gibt sie auch in Baden-Württemberg.

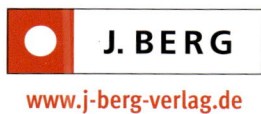

Impressum

Verantwortlich: Stefanie Krüger, Miriam Gieler
Redaktion: Gertrud Menczel
Layout: Silke Schüler
Covergestaltung: Rudi Stix
Umschlaggestaltung: Alexander Knoll
Repro: Cromika
Kartografie: Bruckmann Verlag GmbH, Heidi Schmalfuß
Herstellung: Stephanie Schlemmer
Printed in Slovenia by Florjancic

★★★★★

Sind Sie mit diesem Titel zufrieden? Dann würden wir uns über ihre Weiterempfehlung freuen. Erzählen Sie es im Freundeskreis, berichten Sie Ihrem Buchhändler, oder bewerten Sie beim Onlinekauf. Und wenn Sie Kritik, Korrekturen, Aktualisierungen haben, freuen wir uns über Ihre Nachricht an J. Berg Verlag, Postfach 40 02 09, D-80702 München oder per E-Mail an lektorat@verlagshaus.de

Unser komplettes Programm finden Sie unter 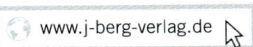 www.j-berg-verlag.de

Alle Angaben dieses Werkes wurden vom Autor sorgfältig recherchiert und auf den neuesten Stand gebracht sowie vom Verlag geprüft. Für die Richtigkeit der Angaben kann jedoch keine Haftung übernommen werden, weshalb die Nutzung auf eigene Gefahr erfolgt. Insbesondere bei GPS-Daten können Abweichungen nicht ausgeschlossen werden. Sollte dieses Werk Links auf Webseiten Dritter enthalten, so machen wir uns die Inhalte nicht zu eigen und übernehmen für die Inhalte keine Haftung.

In diesem Buch wird aus Gründen der besseren Lesbarkeit das generische Maskulinum verwendet. Weibliche und anderweitige Geschlechteridentitäten sind dabei ausdrücklich mitgemeint, soweit es für die Aussage erforderlich ist.

Empfehlung der Redaktion
Sie sind auf der Suche nach weiterführender Literatur? Dann empfehlen wir Ihnen den Titel »Alpine Pfade Baden Württemberg« von Philipp Sauer. Oder Sie werfen einen Blick in die Zeitschrift BERGSTEIGER. Hier werden Sie bestimmt fündig.

Bildnachweis: Alle Bilder im Innenteil stammen vom Autor, außer S. 10, 22, 30/31, 122, 152 Hochschwarzwald Tourismus; S. 12 Christl Hock; S. 35 Stadt Neunkirchen; S. 36 Friedrich Müller; S. 38, 42, 43 Oliver Geiger; S. 46, 47, 49 Kurt Köder; S. 93 Matthias Berndt; S. 104, 105 www.schwarzwald-information.de; S. 139 Michael Bader; S. 151 Andreas Karcher; S. 45 CA Irene Lorenz/shutterstock; S. 118 Eileen Kumpf/shutterstock; S. 124 Bildagentur Zoonar GmbH/shutterstock; S. 138 Klaus Jung/shutterstock; S. 142 theapflueger/shutterstock
Umschlagvorderseite: Herrlicher Blick auf die Landschaft (Tour 11)
Umschlagrückseite: Präger Gletscherkessel (Hochschwarzwald Tourismus, Tour 18)

Die Deutsche Nationalbibliothek verzeichnet diese Publikation in der Deutschen Nationalbibliografie; detaillierte bibliografische Daten sind im Internet über http://dnb.d-nb.de abrufbar.

© 2021 J. Berg Verlag in der
Bruckmann Verlag GmbH
Infanteriestraße 11a
80797 München

ISBN: 978-3-86246-750-1